Λίγα λόγια για τη συγγραφέα

Η Σωτηρία Δημοπούλου, με σπουδές στην Ιστορία και Αρχαιολογία και κάτοχος διδακτορικού τίτλου στην Κλασική Αρχαιολογία του Πανεπιστημίου του Μύνστερ, έχει πολυετή διδακτική εμπειρία στη διδασκαλία της Αρχαίας και Νεοελληνικής Γλώσσας αλλά και Λατινικών τόσο σε τελειόφοιτους ελληνικών σχολείων στην Ελλάδα και στη Γερμανία, όσο και σε μαθήτριες και μαθητές τμημάτων της ελληνικής ως γλώσσας καταγωγής. Τα τελευταία δεκαπέντε χρόνια εργάζεται ως εκπαιδευτικός σε τμήματα της ελληνικής ως γλώσσας καταγωγής σε σχολεία της Βόρειας Ρηνανίας Βεστφαλίας. Έχει συμμετάσχει σε αρχαιολογικά συνέδρια και έχει δημοσιεύσει πολλά επιστημονικά άρθρα.

Zur Autorin

Sotiria Dimopoulou studierte Geschichte und Archäologie in Griechenland und promovierte in Klassischer Archäologie an der Universität Münster. Sie verfügt über langjährige Lehrerfahrung im Alt- Neugriechisch Unterricht und Latein sowohl für Oberstufenschüler*innen der griechischen Schulen in Griechenland und Deutschland als auch für Schüler*innen mit Griechisch als Herkunftssprache. Seit fünfzehn Jahren ist sie als Lehrerin im Bereich Herkunftssprache in Nordrhein-Westfalen tätig. Sie hat an archäologischen Konferenzen teilgenommen und mehrere wissenschaftliche Artikel veröffentlicht.

Sotiria Dimopoulou

Griechisch
als
Herkunftssprache

für die 8. und 9. Klasse

Themen und Übungen

Impressum

Bibliografische Information der Deutschen Nationalbibliothek: Die Deutsche Nationalbibliothek verzeichnet diese Publikation in der Deutschen Nationalbibliografie; detaillierte bibliografische Daten sind im Internet über dnb.dnb.de abrufbar.

Die automatisierte Analyse des Werkes, um daraus Informationen insbesondere über Muster, Trends und Korrelationen gemäß §44b UrhG („Text und Data Mining") zu gewinnen, ist untersagt.

Coverdesign von: Ilias Georgiadis
Satz & Layout: Ilias Georgiadis

Verlag: BoD · Books on Demand GmbH, In de Tarpen 42, 22848 Norderstedt, bod@bod.de

Druck: Libri Plureos GmbH, Friedensallee 273, 22763 Hamburg

ISBN: 978-3-7693-3924-6

Πρόλογος

Το εγχειρίδιο αυτό αποτελεί μία προσπάθεια συγγραφής θεμάτων κατάλληλα επεξεργασμένων για την εκμάθηση της ελληνικής ως γλώσσας καταγωγής. Απευθύνεται στη/στο μαθήτρια/μαθητή της 8ης αλλά και 9ης τάξης του γερμανικού σχολείου που παρακολουθεί τακτικά τα μαθήματα της ελληνικής και προσαρμόζεται στο ανάλογο μαθησιακό επίπεδο. Συμβάλλει στην επαφή με τη σωστή σύνταξη ενός εκθεσιακού κειμένου, ώστε να υπάρξει ομαλή μετάβαση στο εγχειρίδιο της ίδιας σειράς της 10^{ης} τάξης για τις εξετάσεις πιστοποίησης της γλώσσας.

Συμβαδίζει με το πρόγραμμα σπουδών και τις κατευθυντήριες θεματικές του Υπουργείου Παιδείας της Ρηνανίας-Βεστφαλίας. Οι δέκα ενότητες περιλαμβάνουν κείμενα για επεξεργασία, ενίοτε εικόνες για περιγραφή, καθώς και συντακτικούς και γραμματικούς κανόνες με ασκήσεις για εμπέδωση, αλλά και θέματα παραγωγής λόγου και διαθεματικής εργασίας. Στο τέλος των ενοτήτων παρατίθενται κριτήρια αξιολόγησης για επανάληψη.

Το εγχειρίδιο αυτό στοχεύει να καλύψει μια συγκεκριμένη θεματολογία, - όσο καθίσταται δυνατό-, και να βοηθήσει τον εκπαιδευτικό αλλά και τους διδασκόμενους στο έργο τους. Τις ευχαριστίες μου οφείλω και πάλι στο σύζυγό μου Ηλία Γεωργιάδη για την επεξεργασία του εξωφύλλου και των εικόνων. Εύχομαι σε όλους καλή σχολική χρονιά και καλή μελέτη.

Η συγγραφέας
Σωτηρία Δημοπούλου

Περιεχόμενα

1^η Ενότητα

Το αγαθό της φιλίας

Στην ενότητα αυτήν θα μάθεις ή και θα θυμηθείς:

√ **Την** έννοια της φιλίας

√ **Τη** σημασία και την αξία της

√ **Τα** κριτήρια της επιλογής ενός σωστού φίλου

√ **Να** περιγράφεις τον/την ιδανικό φίλο/φίλη

√ **Τις** έννοιες σχετικές με τη φιλία

√ **Τη** διαφορά της ενεργητικής και παθητικής σύνταξης

√ **Να** σχηματίζεις τις μετοχές παθητικής φωνής

Κείμενο

Αν πρέπει να διαλέξεις ένα φίλο…..

Για μένα δύο πράγματα έχουν μεγάλη σημασία στη ζωή μου: η οικογένεια και οι φίλοι μου. Για την οικογένεια δε χρειάζεται να πω και πολλά, αφού είναι **αυτονόητο** πως αυτή μας αγαπά, μας στηρίζει και μας βοηθά σε όλες τις καταστάσεις της ζωής μας, είτε εύκολες είτε δύσκολες. Εξίσου σημαντικοί όμως είναι και οι φίλοι σε έναν άνθρωπο. Τελικά πώς καταλαβαίνουμε ότι κάποιοι άνθρωποι μπορούν να είναι φίλοι μας; Πώς καταλαβαίνουμε ότι ταιριάζουμε με αυτούς και μπορούμε να τους εμπιστευόμαστε;

Σε μικρή ηλικία δεν καταλάβαινα και πολλά.. είχα φίλο μόνο όποιον έπαιζε μαζί μου και μου έδινε να παίξω από τα παιχνίδια του. Καθώς μεγάλωνα, άρχισα να αντιλαμβάνομαι περισσότερα. Στα 14 μου μετακομίσαμε με την οικογένειά μου σε μια άλλη πόλη, σε ένα περιβάλλον άγνωστο για μένα. Μου ήταν **εξαιρετικά** δύσκολο να κάνω φιλίες, εφόσον το περιβάλλον μου ήταν **παντελώς** ξένο.

Την πρώτη μέρα που πήγα στο νέο μου σχολείο όλα μου φάνηκαν βουνό. Έβλεπα παρέες παιδιών να συζητούν, να αστειεύονται και να πειράζονται μεταξύ τους και ένιωθα τόσο άσχημα, που πήγα σε μια γωνιά μόνος και τους έβλεπα από μακριά. Πόσο μου έλειπαν οι παλιές παρέες μου! Γιατί θα έπρεπε κάθε τρία ή τέσσερα χρόνια να αλλάζω σχολείο; Ομολογώ ότι δε μου άρεσε ποτέ αυτή η ζωή που κάναμε εξαιτίας του επαγγέλματος του πατέρα μου, αλλά δε γινόταν και να το **επηρεάσω** φυσικά.

Ξαφνικά με πλησίασε ένα ψηλό, αδύνατο και ξανθό παιδί και μου συστήθηκε. Ήταν ο Αλέξης, μαθητής της Β΄ Γυμνασίου, όπως δηλαδή και εγώ. Αρχίσαμε να συζητάμε για το πώς βρέθηκα σε αυτό το σχολείο και σε αυτή την πόλη και για καλή μου τύχη ήμαστАν στο ίδιο τμήμα. Καθίσαμε μαζί στο ίδιο θρανίο και με τον καιρό γνώρισα και άλλα παιδιά από την τάξη μου με τα οποία γίναμε φίλοι.

Ο Αλέξης είχε όλα όσα εκτιμούσα σε έναν φίλο. Ήταν καλός, ευγενικός, **εχέμυθος**, ειλικρινής και αστείος. Δε με ενδιέφερε ούτε η εξωτερική του εμφάνιση, ούτε οι επιδόσεις του στα μαθήματα, ούτε η καταγωγή του. Μπορούσα μαζί του να συζητώ τα πάντα και πάντα ήταν εκεί για μένα· στα εύκολα και δύσκολα. Είχαμε όχι μόνο πολλά **κοινά** ενδιαφέροντα, αλλά και κοινές απόψεις.

Τα χρόνια πέρασαν, η οικογένειά μου και εγώ φύγαμε μετά από τρία χρόνια και από αυτή την πόλη, άλλαξα πάλι σχολείο, πέρασα στο πανεπιστήμιο, αλλά με τον Αλέξη διατηρήσαμε τις επαφές και τη φιλία μας όλα αυτά τα χρόνια. Και ως δια μαγείας περάσαμε στην ίδια σχολή και στην ίδια πόλη και είμαστε πλέον συγκάτοικοι και αχώριστοι! Πώς τα φέρνει η ζωή καμιά φορά! Φίλοι για πάντα λοιπόν!

(επιμέλεια κειμένου, Σ. Δημοπούλου)

Ερωτήσεις

1. Να αναφερθείτε στις δυσκολίες του μαθητή στο νέο του περιβάλλον. Εσείς πώς θα νιώθατε στη θέση του;

2. «Δε με ενδιέφερε ούτε η εξωτερική του εμφάνιση, ούτε οι επιδόσεις του στα μαθήματα, ούτε η καταγωγή του». Συμφωνείτε με την άποψη αυτήν ως προς την επιλογή μιας φίλης ή ενός φίλου; Να αναφερθείτε σε δικές σας εμπειρίες από το σχολικό σας περιβάλλον και να περιγράψετε την/τον καλύτερή/ό σας φίλη/ο.

3. Να αντικαταστήσετε τις λέξεις με έντονα γράμματα με συνώνυμες λέξεις ή φράσεις και στη συνέχεια να τις χρησιμοποιήσετε σε προτάσεις.

4. Να κάνετε την αντιστοίχιση στην ερμηνεία των λέξεων:

ευγενικός	δε συμπεριφέρεται ευγενικά
εχέμυθος	λέει την αλήθεια
αγενής	θέλει να είναι πάντα πρώτος
πεισματάρης	θέλει να είναι όλα άψογα
ειλικρινής	βοηθάει όλους όσοι τον χρειάζονται
ζηλιάρης	είναι γλυκομίλητος
ανταγωνιστικός	στηρίζει όσους το έχουν ανάγκη
φιλότιμος	κρατάει μυστικά
ειρωνικός	κοιτάζει μόνο τον εαυτό του
τελειομανής	ποτέ δε λέει ευχαριστώ
αχάριστος	ζηλεύει τους άλλους
υποστηρικτικός	επιμένει στη γνώμη του
εγωιστής	μιλά με ειρωνεία

5. Να χρησιμοποιήσετε τις παραπάνω λέξεις στα κενά των προτάσεων στον ανάλογο τύπο.

α. Η Μαρία είναι πολύ .... Ό,τι αγοράσω το παίρνει μετά κι εκείνη.

β. Είναι τόσο .... που δεν αλλάζει γνώμη ακόμη και αν έχει άδικο.

γ. Με τον Τάσο μπορείς να μοιραστείς τα μυστικά σου άφοβα. Είναι πολύ..............

δ. Αυτό που μου αρέσει στη Νάντια είναι πως ποτέ δε μου λέει κάτι για να με κολακέψει. Είναι .... με μένα κι ας ξέρει ότι μπορεί να στενοχωρηθώ.

ε. Βοηθά τους πάντες σε οτιδήποτε χρειαστούν. Είναι πολλές φορές τόσο ...., με αποτέλεσμα να τον εκμεταλλεύονται.

στ. Ο πωλητής ήταν πολύ .... με τους πελάτες, με αποτέλεσμα να τον απολύσει το αφεντικό του.

Κείμενο

Ο πιο πιστός φίλος

Ο μικρούλης Χανς είχε πολλούς φίλους, αλλά ο πιο πιστός του φίλος ήταν ο Χιου ο μυλωνάς. Κι αλήθεια, τόσο αφοσιωμένος ήταν ο πλούσιος μυλωνάς στο μικρούλη Χανς, που δεν περνούσε ποτέ από τον κήπο του δίχως να σκύψει πάνω απ' τη μάντρα για να κόψει ένα μεγάλο μπουκέτο λουλούδια ή μια χούφτα αρωματικά βότανα, ή δίχως να γεμίσει τις τσέπες του με κεράσια και δαμάσκηνα, αν ήταν η εποχή τους.

«Οι αληθινοί φίλοι πρέπει να μοιράζονται τα πάντα», έλεγε ο μυλωνάς, κι ο μικρούλης Χανς κουνούσε το κεφάλι χαμογελώντας και καμάρωνε που είχε ένα φίλο με τόσο ευγενικές ιδέες.

Καμιά φορά, ωστόσο, οι γείτονες παραξενεύονταν που ο πλούσιος μυλωνάς δεν έδινε ποτέ τίποτα σε αντάλλαγμα στο μικρούλη Χανς, μόλο που φύλαγε στο μύλο του εκατό σακιά αλεύρι, και είχε έξι αγελάδες κι ένα μεγάλο κοπάδι μαλλιαρά αρνιά· αλλά ο Χανς ποτέ δε σκοτιζόταν με τέτοιες σκέψεις, και τίποτα δεν τον ευχαριστούσε περισσότερο από το ν' ακούει όλα τα θαυμάσια πράγματα που έλεγε ο μυλωνάς για την ανιδιοτέλεια της αληθινής φιλίας.

Κι έτσι, ο μικρούλης Χανς περνούσε τον καιρό του δουλεύοντας στον κήπο του. Την άνοιξη, το καλοκαίρι και το φθινόπωρο ήταν πολύ ευτυχισμένος, όταν όμως ερχόταν ο χειμώνας και δεν είχε καρπούς ή λουλούδια να πουλήσει, υπέφερε πολύ από το κρύο και την πείνα, και συχνά αναγκαζόταν να πηγαίνει για ύπνο έχοντας φάει μονάχα μερικά ξερά αχλάδια ή τίποτα σκληρά καρύδια. Κι ακόμα, το χειμώνα υπέφερε από μοναξιά, γιατί ο μυλωνάς ποτέ δεν ερχόταν να τον δει.

«Δεν ωφελεί να πάω να δω το Χανς όσο κρατάει το χιόνι», έλεγε ο μυλωνάς στη γυναίκα του, «γιατί όταν οι άνθρωποι έχουν στενοχώριες, πρέπει να τους αφήνουμε ήσυχους και να μην τους ενοχλούμε μ' επισκέψεις. Αυτή τουλάχιστον είναι η δική μου άποψη για τη φιλία, και είμαι σίγουρος ότι έχω δίκιο. Θα περιμένω λοιπόν να έρθει η άνοιξη, και τότε θα πάω να τον δω, θα μου δώσει κι ένα μεγάλο πανέρι πρίμουλες κι αυτό θα τον κάνει πολύ ευτυχισμένο».

«Πολύ τους σκέφτεσαι τους άλλους», απάντησε η μυλωνού, καθισμένη στην αναπαυτική πολυθρόνα της μπροστά στο τζάκι· «πραγματικά, πολύ τους σκέφτεσαι. Είναι μεγάλη απόλαυση να σ' ακούει κανείς να μιλάς για τη φιλία. Και είμαι σίγουρη πως ούτε ο πάστορας ο ίδιος δε θα μπορούσε να τα πει πιο όμορφα από σένα, κι ας μένει σε τρίπατο σπίτι, κι ας φοράει χρυσό δαχτυλίδι στο μικρό του δάχτυλο».

«Δε θα μπορούσαμε όμως να καλέσουμε εδώ το μικρούλη Χανς;», είπε ο μικρότερος γιος του μυλωνά. «Αν ο καημένος ο Χανς έχει στενοχώριες, θα του δώσω το μισό απ' το χυλό μου και θα του δείξω τ' άσπρα μου κουνέλια».

«Τι κουτό παιδί που είσαι!», φώναξε ο μυλωνάς. «Πραγματικά, δεν ξέρω τι ωφελεί να σε στέλνω στο σχολείο. Δε βλέπω να μαθαίνεις και τίποτε. Μα αν ερχόταν εδώ ο Χανς κι έβλεπε τη ζεστή φωτιά μας, τα πλούσια φαγητά μας και το μεγάλο μας βαρέλι με το κόκκινο κρασί ίσως να ζήλευε, κι η ζήλια είναι πράγμα τρομερό και πολύ κακό για όλους. Δε θα επιτρέψω να χαλάσει ο χαρακτήρας του Χανς. Είμαι ο καλύτερός του φίλος, και πάντα θα τον προσέχω και θα φροντίζω να μην μπει σε κανέναν πειρασμό. Εξάλλου, αν έρθει εδώ ο Χανς, μπορεί να μου ζητήσει να του δώσω αλεύρι με πίστωση, κι αυτό δε θα μπορούσα να το κάνω. Άλλο το αλεύρι κι άλλο η φιλία, αυτά τα πράγματα δεν πρέπει να τα μπερδεύουμε. Οι λέξεις γράφονται διαφορετικά και σημαίνουν διαφορετικά πράγματα. Είναι ολοφάνερο».

Νωρίς το άλλο πρωί, ο μυλωνάς κατέβηκε να πάρει τα λεφτά για το σακί με το αλεύρι, αλλά ο μικρούλης Χανς ήταν τόσο κουρασμένος, που δεν είχε σηκωθεί απ' το κρεβάτι.

«Μα την πίστη μου», είπε ο μυλωνάς, «είσαι πολύ τεμπέλης. Και πραγματικά, αν σκεφτείς ότι θα σου χαρίσω το καροτσάκι μου, θα μπορούσες να δουλέψεις πιο σκληρά. Η τεμπελιά είναι μεγάλη αμαρτία, και δε μ' αρέσει να 'χω φίλους τεμπέληδες ή νωθρούς. Δεν πρέπει να σ' ενοχλεί που σου μιλάω τόσο απερίφραστα. Ούτε που θα το σκεφτόμουν βέβαια να σου τα πω αυτά, αν δεν ήμουν φίλος σου. Αλλά τι νόημα έχει η φιλία, αν δεν μπορεί κανείς να πει ακριβώς αυτό που έχει στο μυαλό του; Χαριτωμένα πράγματα μπορεί να λέει ο καθένας για να ευχαριστήσει και να κολακέψει τον άλλον, αλλά ο αληθινός φίλος πάντα λέει δυσάρεστα πράγματα και δεν τον νοιάζει αν πληγώνει. Και μάλιστα, αν είναι αληθινός φίλος, το προτιμάει αυτό, γιατί ξέρει ότι τότε κάνει καλό».

«Λυπάμαι πολύ», είπε ο μικρούλης Χανς, τρίβοντας τα μάτια του και βγάζοντας τη σκούφια του, «αλλά ήμουν τόσο κουρασμένος, που σκέφτηκα να μείνω για λίγο στο κρεβάτι και ν' ακούω τα πουλιά να κελαηδάνε. Το ξέρεις ότι πάντα δουλεύω καλύτερα όταν έχω ακούσει τα πουλιά να κελαηδάνε;».

«Λοιπόν, χαίρομαι γι' αυτό», είπε ο μυλωνάς χτυπώντας το μικρούλη Χανς στην πλάτη, «γιατί μόλις ντυθείς, θέλω να 'ρθεις στο μύλο μου για να μου φτιάξεις τη στέγη της αποθήκης μου».

Ο καημένος ο μικρούλης Χανς βιαζόταν να πάει να δουλέψει στον κήπο του, γιατί τα λουλούδια του είχαν μείνει δυο μέρες απότιστα, αλλά δεν ήθελε να πει όχι στο μυλωνά, μια και ήταν τόσο καλός φίλος του.

«Νομίζεις πως δε θα 'ταν φιλικό απ' τη μεριά μου, αν σου 'λεγα ότι είμαι απασχολημένος;», ρώτησε δειλά.

«Ε, στ' αλήθεια», απάντησε ο μυλωνάς, «δε νομίζω ότι σου ζητάω πολλά, αν σκεφτείς ότι θα σου χαρίσω το καροτσάκι μου· αν μου αρνηθείς, βέβαια, θα πάω να το κάνω μόνος μου». «Ω, αυτό αποκλείεται», φώναξε ο μικρούλης Χανς· και πετάχτηκε πάνω, ντύθηκε και πήγε στην αποθήκη. Δούλεψε εκεί όλη μέρα, ως το ηλιοβασίλεμα, και το ηλιοβασίλεμα, ο μυλωνάς ήρθε να δει πώς τα πήγαινε. «Επισκεύασες την τρύπα στη στέγη, μικρούλη Χανς;», φώναξε ο μυλωνάς με χαρούμενη φωνή. «Τέλειωσε», απάντησε ο μικρούλης Χανς, κατεβαίνοντας απ' τη σκάλα.

«Α!», είπε ο μυλωνάς, «δεν υπάρχει πιο ευχάριστη δουλειά από αυτήν που κάνει κανείς για τους άλλους». «Είναι το δίχως άλλο μεγάλο προνόμιο να σ' ακούει κανείς να μιλάς», απάντησε ο μικρούλης Χανς, και κάθισε κάτω σκουπίζοντας το μέτωπό του, «πολύ μεγάλο προνόμιο. Φοβάμαι όμως ότι εγώ ποτέ δε θα 'χω τέτοιες όμορφες ιδέες σαν τις δικές σου».

«Ω, θα σου έρθουν», είπε ο μυλωνάς, «αλλά πρέπει να προσπαθήσεις περισσότερο. Αυτή τη στιγμή ξέρεις μόνο την πρακτική πλευρά της φιλίας· κάποια μέρα θα μάθεις και τη θεωρία».

«Το πιστεύεις στ' αλήθεια;», ρώτησε ο μικρούλης Χανς.

«Δεν έχω καμιά αμφιβολία», απάντησε ο μυλωνάς, «μα τώρα που έφτιαξες τη στέγη, καλύτερα να πας στο σπίτι σου να ξεκουραστείς, γιατί αύριο θέλω να πας τα πρόβατά μου στο βουνό».

Ο καημένος ο μικρούλης Χανς φοβήθηκε να φέρει αντίρρηση και νωρίς το άλλο πρωί ο μυλωνάς έφερε τα πρόβατα στο σπίτι του κι ο Χανς τα πήρε και ξεκίνησε για το βουνό. Του πήρε όλη τη μέρα να φτάσει εκεί και να γυρίσει· κι όταν γύρισε, ήταν τόσο κουρασμένος, που τον πήρε ο ύπνος στην καρέκλα του και δεν ξύπνησε παρά μονάχα όταν ξημέρωσε για τα καλά. «Τι όμορφα που θα τα περάσω στον κήπο μου!», είπε και στρώθηκε αμέσως στη δουλειά.

Όμως ποτέ δεν κατάφερνε να φροντίσει τα λουλούδια του, γιατί ο φίλος του ο μυλωνάς ερχόταν συνέχεια και τον έστελνε σε μακρινά θελήματα ή τον έβαζε να δουλεύει στο μύλο. Το μικρούλη Χανς καμιά φορά τον έπιανε απελπισία, γιατί φοβόταν μήπως νομίσουν τα λουλούδια του πως τα 'χε ξεχάσει, αλλά παρηγοριόταν με τη σκέψη ότι ο μυλωνάς ήταν ο καλύτερός του φίλος. «Εξάλλου», έλεγε, «θα μου χαρίσει το καροτσάκι του, κι αυτό είναι πράξη γνήσιας γενναιοδωρίας».

Κι έτσι, ο μικρούλης Χανς δούλευε για το μυλωνά, κι ο μυλωνάς έλεγε ένα σωρό ωραία πράγματα για τη φιλία, που ο Χανς σημείωνε σ' ένα τετράδιο και τα ξαναδιάβαζε το βράδυ, γιατί ήταν πολύ καλός μαθητής.

Ένα βράδυ, λοιπόν, που ο μικρούλης Χανς καθόταν κοντά στο τζάκι του, άκουσε ένα δυνατό χτύπημα στην πόρτα. Η νύχτα ήταν άγρια κι ο άνεμος λυσσομανούσε έξω απ' το σπίτι τόσο τρομερά, που νόμιζε στην αρχή ότι ήταν απλώς η καταιγίδα. Ακολούθησε όμως ένα δεύτερο χτύπημα κι έπειτα ένα τρίτο, ακόμη πιο δυνατό.

«Θα 'ναι κανένας φτωχός ταξιδιώτης», μονολόγησε ο μικρούλης Χανς, κι έτρεξε στην πόρτα. Ήταν ο μυλωνάς μ' ένα φανάρι στο ένα χέρι και μια μεγάλη μαγκούρα στο άλλο.

«Αγαπημένε μικρούλη Χανς», φώναξε ο μυλωνάς, «έπαθα μεγάλη συμφορά. Ο μικρός μου γιος έπεσε απ' τη σκάλα και χτύπησε και πάω να φέρω το γιατρό. Αλλά μένει πολύ μακριά κι έχει τέτοια κακοκαιρία, που σκέφτηκα πως θα 'ταν προτιμότερο να πας εσύ αντί για μένα. Ξέρεις ότι θα σου δώσω το καροτσάκι μου, είναι λοιπόν δίκαιο να κάνεις κι εσύ κάτι για μένα για να μου το ανταποδώσεις».

«Φυσικά», φώναξε ο μικρούλης Χανς, «το θεωρώ μεγάλη μου τιμή που με σκέφτηκες και θα ξεκινήσω αμέσως. Πρέπει όμως να μου δανείσεις το φανάρι σου, γιατί η νύχτα είναι τόσο σκοτεινή, που φοβάμαι μην πέσω σε κανένα χαντάκι».

«Λυπάμαι πολύ», απάντησε ο μυλωνάς, «αλλά είναι το καινούριο μου φανάρι, και θα ’ταν μεγάλη απώλεια για μένα αν πάθαινε τίποτα».

«Ε, δεν πειράζει, κάνω και χωρίς αυτό», απάντησε ο μικρούλης Χανς, ξεκρέμασε το βαρύ γούνινο παλτό του και το ζεστό κόκκινο σκούφο του, έδεσε ένα κασκόλ γύρω απ’ το λαιμό του και ξεκίνησε.

Τι φοβερή καταιγίδα ήταν αυτή! Κι ήταν τόσο πηχτό το σκοτάδι, που ο μικρούλης Χανς δεν έβλεπε τίποτα, και φύσαγε τόσο δυνατά ο άνεμος, που με δυσκολία στεκότανε στα πόδια του. Ωστόσο, φάνηκε πολύ γενναίος, και έπειτα από τρεις ώρες δρόμο, έφτασε στο σπίτι του γιατρού και χτύπησε την πόρτα.

«Ποιος είναι;», φώναξε ο γιατρός, βγάζοντας το κεφάλι του απ’ το παράθυρο της κρεβατοκάμαράς του.

«Ο μικρούλης Χανς, γιατρέ».

«Τι θέλεις, μικρούλη Χανς;».

«Ο γιος του μυλωνά έπεσε από μια σκάλα και χτύπησε, κι ο μυλωνάς θέλει να πάτε αμέσως». «Εντάξει!», είπε ο γιατρός· διέταξε να ετοιμάσουν το άλογό του, τις μπότες του και το φανάρι του, κατέβηκε και ξεκίνησε για το σπίτι του μυλωνά, ενώ ο μικρούλης Χανς τον ακολουθούσε σκουντουφλώντας.

Όμως η θύελλα δυνάμωνε ολοένα, η βροχή έπεφτε καταρράκτης κι ο μικρούλης Χανς δεν έβλεπε πού πήγαινε και δεν προλάβαινε το άλογο. Στο τέλος, έχασε το δρόμο του και ξεστράτισε στο ρεικότοπο που ήταν ένα πολύ επικίνδυνο μέρος, γιατί ήταν γεμάτο βαθιές τρύπες, κι εκεί ο μικρούλης Χανς πνίγηκε. Κάτι γιδοβοσκοί βρήκαν την άλλη μέρα το πτώμα του να πλέει σ' ένα νερόλακκο και το μετέφεραν στο σπίτι του. Όλοι πήγαν στην κηδεία του μικρούλη Χανς, γιατί τον αγαπούσανε πολύ, και πιο λυπημένος απ' όλους ήταν ο μυλωνάς.

«Μια και ήμουν ο καλύτερός του φίλος», είπε ο μυλωνάς, «το σωστό είναι να έχω εγώ την πρώτη θέση». Κι έτσι, προχωρούσε πρώτος στην πομπή, τυλιγμένος μες στο μακρύ μαύρο παλτό του, και κάθε τόσο σφούγγιζε τα μάτια του μ' ένα μεγάλο μαντίλι.

«Ο θάνατος του μικρούλη Χανς είναι πραγματικά μεγάλη απώλεια για όλους», είπε ο σιδεράς, όταν τέλειωσε η κηδεία και είχαν βολευτεί στο πανδοχείο, πίνοντας κρασί με κανέλα και τρώγοντας γλυκό.

«Μεγάλη απώλεια και για μένα», πρόσθεσε ο μυλωνάς· «ξέρετε, του είχα δώσει σχεδόν το καροτσάκι μου και τώρα δεν ξέρω τι να το κάνω. Πιάνει τόπο στο σπίτι κι είναι σε τόσο κακή κατάσταση, που και να το πουλήσω δε θα πιάσω φράγκο. Δεν ξαναχαρίζω τίποτε άλλη φορά. Παραείναι βαρύ το τίμημα της γενναιοδωρίας».

(Όσκαρ Ουάιλντ, «Εννέα μαγικά παραμύθια», μτφρ. Ρένα Χατχούτ, Γράμματα)

Ερωτήσεις

1. Τι καταλαβαίνει κάποιος από τον τίτλο του διηγήματος χωρίς να το έχει διαβάσει;

2. Να σκιαγραφήσετε το χαρακτήρα του μυλωνά όπως προκύπτει μέσα από το διήγημα.

3. Πώς καταλαβαίνουμε ότι ο μικρός Χανς σκεφτόταν διαφορετικά από το μυλωνά και πώς έβλεπε τη φιλία;

4. Πιστεύετε πως στην εποχή μας υπάρχουν άνθρωποι που εκμεταλλεύονται τους φίλους τους; Έχετε τέτοια εμπειρία προσωπική ή από το περιβάλλον σας; Να αναπτύξετε την άποψή σας σε μία παράγραφο περίπου 80 λέξεων.

Παραγωγή λόγου και διαθεματική εργασία

1. Σε ένα κείμενο 150-200 λέξεων, αφού αναφερθείτε στην έννοια και σημασία της φιλίας, να εξηγήσετε τα κριτήρια με τα οποία επιλέγετε τους φίλους σας γενικότερα (είτε κορίτσια είτε αγόρια) και να αναφερθείτε στους παράγοντες που θα σας οδηγούσαν στο να διαλύσετε μία φιλία.

2. Σε μία παράγραφο 100 περίπου λέξεων να περιγράψετε τις φιλίες όπως αυτές δημιουργούνται μέσα από τα μέσα κοινωνικής δικτύωσης. Θεωρείτε πως μπορούν να είναι αληθινές; Αιτιολογήστε.

3. Με τη βοήθεια του διαδικτύου να βρείτε πληροφορίες για γνωστές φιλίες από την αρχαιότητα (π.χ. Αχιλλέας και Πάτροκλος) και να τις παρουσιάσετε στην τάξη.

Σύνταξη

Ενεργητική και παθητική σύνταξη

Στη νέα ελληνική γλώσσα υπάρχουν δύο είδη σύνταξης, η ενεργητική και η παθητική. Στην ενεργητική τονίζουμε την ενέργεια του υποκειμένου, ενώ στην παθητική την ενέργεια του ρήματος.

Παραδείγματα:

Ενεργητική: Η Κατερίνα διαβάζει το βιβλίο → ποιος διαβάζει; Η Κατερίνα (υποκείμενο)

Παθητική: Το βιβλίο διαβάζεται από την Κατερίνα → τι διαβάζεται; το βιβλίο

* Διαπιστώνουμε πως το ρήμα από την ενεργητική φωνή μετατρέπεται σε παθητική και το αντικείμενο της ενεργητικής (βιβλίο) γίνεται υποκείμενο της παθητικής.

Άσκηση

1. Να μετατρέψετε στο τετράδιό σας την ενεργητική σε παθητική σύνταξη και το αντίθετο:

α. Ο ψαράς πουλάει ψάρια →

β. Τα χαλιά πλύθηκαν από το συνεργείο →

γ. Ο ναυαγοσώστης έσωσε το παιδί →

δ. Τα προϊόντα πουλήθηκαν από τους εμπόρους →

ε. Το αυτοκίνητο αγοράστηκε από τον πελάτη →

στ. Ο Περικλής ορίστηκε αρχηγός από τα παιδιά →

ζ. Ο καθηγητής διδάσκει στους μαθητές Ιστορία →

η. Η φωτιά κατέστρεψε το δάσος →

θ. Οι νόμοι ψηφίζονται από τη Βουλή →

ι. Η μητέρα τακτοποιεί το σπίτι →

2. Να σημειώσετε τη σύνταξη που χρησιμοποιείται στα παρακάτω:

α. Οι πολίτες φορολογήθηκαν από το κράτος	Ε	Π
β. Τα πουλιά θα φτιάξουν τη φωλιά τους	Ε	Π
γ. Το φαγητό θα πεταχτεί στα σκουπίδια	Ε	Π
δ. Ο μάγειρας μαγείρεψε ρεβίθια	Ε	Π
ε. Το Μεσολόγγι πολιορκήθηκε από τους Τούρκους	Ε	Π
στ. Ο πατέρας κλάδεψε τα δέντρα	Ε	Π
ζ. Οι δρόμοι καθαρίστηκαν από το δήμο	Ε	Π
η. Η μητέρα πέταξε τα σκουπίδια	Ε	Π

Παθητική μετοχή

Οι μετοχές που σχηματίζουν τα ρήματα στην παθητική φωνή μοιάζουν με επίθετα. Η μετοχή αναλόγως με το θέμα του ρήματος έχει και την ανάλογη κατάληξη, π.χ. γράφομαι → γραμμένος, αγοράζομαι → αγορασμένος, κλπ.

Ανώμαλα σχηματίζονται οι παρακάτω μετοχές:

τρώω → φαγωμένος   βλέπω → ιδωμένος

πίνω → πιωμένος   κάνω → καμωμένος

λέω → ειπωμένος   γίνομαι → γινωμένος

Άσκηση

1. Να σχηματίσετε και στα 3 γένη τις μετοχές των παθητικών ρημάτων.

αγαπώ →   φέρνω →

γέρνω →   μιλώ →

βάφω →   τραγουδώ →

πιέζω →   ανεβαίνω →

αγκαλιάζω →   κατεβαίνω →

2. Να συμπληρώσετε τα κενά με τις παθητικές μετοχές στο σωστό τύπο:

α. Το σπίτι παραδόθηκε …………… (βάφω) και …………… (καθαρίζω).

β. Την τελευταία φορά που τον συνάντησα μου φάνηκε πολύ ………….. (γερνώ).

γ. …………… (έρχομαι) από την αγορά, συνάντησα έναν παλιό φίλο.

δ. Με κοίταξε …………….. (απορώ) και μου ζήτησε εξηγήσεις.

ε. Έτσι όπως κάθονταν …………… (αγκαλιάζω) της ζήτησε να τον παντρευτεί.

στ. Η Μαίρη ήταν πρώτα …………. (αρραβωνιάζομαι), μετά …………… (παντρεύομαι) και στο τέλος …………….. (χωρίζω).

2η Ενότητα

www.diadiktio.....

Στην ενότητα αυτήν θα μάθεις ή και θα θυμηθείς:

√ **Για** την κυριαρχία του διαδικτύου σήμερα

√ **Για** τη δύναμη των Μέσων Μαζικής Ενημέρωσης

√ **Για** τη σημασία της σωστής πληροφόρησης και ενημέρωσης

√ **Για** τη δύναμη της διαφήμισης στα ΜΜΕ

√ **Για** τη σχέση των εφήβων με τα ΜΜΕ

√ **Τις** χρονικές βαθμίδες του ρήματος

√ **Τα** ανώμαλα ρήματα

Κείμενο

Η δύναμη του διαδικτύου και των like 👍

Είναι πλέον γεγονός η **αδιαμφισβήτητη** δύναμη που έχει το διαδίκτυο στην καθημερινή μας ζωή. Ποιος από μας δεν μπαίνει έστω και μία φορά την ημέρα σε αυτό, για να ψάξει χρήσιμες αλλά και **άχρηστες** πληροφορίες; Αναλόγως με την ηλικιακή ομάδα των χρηστών του ίντερνετ, υπάρχουν και ιστοσελίδες με μεγάλη επισκεψιμότητα σε σχέση με κάποιες άλλες που απευθύνονται είτε σε νεαρές είτε σε **μεγαλύτερες** ηλικιακές ομάδες.

Ένα πολύ σημαντικό κομμάτι αποτελεί και η ενημέρωση. Συνηθίζουμε να διαβάζουμε ειδήσεις από όλο τον κόσμο που αφορούν στην πολιτική, στην κοινωνία, σε θέματα υγείας, καλλιτεχνικά, κ.ά. **Παλαιότερα** η μόνη μορφή μιας τέτοιας ενημέρωσης ήταν οι εφημερίδες, τα περιοδικά και η τηλεόραση. Σήμερα με ένα κλικ βρισκόμαστε σε όποια ειδησεογραφική ή καλλιτεχνική σελίδα μας αρέσει και διαβάζουμε όποιο άρθρο μας ενδιαφέρει.

Δυστυχώς όμως ο **υπερβολικός** όγκος πληροφοριών οδηγεί συχνά στο φαινόμενο της παραπληροφόρησης. Με τον όρο παραπληροφόρηση εννοούμε τη διάδοση ψεύτικων ειδήσεων, τις οποίες δυστυχώς βλέπουμε να αναπαράγουν πολλές σελίδες. Αποτέλεσμα αυτού είναι να τις μεταφέρουμε και εμείς με τον ίδιο τρόπο, χωρίς να μπούμε καν στη διαδικασία να ελέγξουμε αν ανταποκρίνονται στην αλήθεια. Το ίδιο συμβαίνει και με τις ειδήσεις που διαδίδονται στα μέσα κοινωνικής δικτύωσης.

Ένα άλλο βασικό ζήτημα είναι η επιρροή που ασκούν τα λάικ, αλλά και τα σχόλια των χρηστών σε πολλούς ανθρώπους. Πολλοί επηρεάζονται θετικά ή αρνητικά αναλόγως με τον αριθμό των λάικ σε ένα άρθρο, σε μια φωτογραφία ή ακόμη και στην αγορά κάποιου προϊόντος. Έτσι, ένας αριθμός θετικών σχολίων μπορεί αυτομάτως να συμπαρασύρει ακόμη περισσότερα θετικά σχόλια ή αντίστοιχα αρνητικά, χωρίς ωστόσο να ανταποκρίνεται πάντα στην πραγματικότητα.

Εκτός από τα λάικ, και οι αξιολογήσεις επηρεάζουν σε μεγάλο βαθμό τη γνώμη μας, αν θέλουμε για παράδειγμα να κλείσουμε δωμάτιο ξενοδοχείου, να πάμε σε ένα εστιατόριο ή να πιούμε έναν καφέ κάπου. Ακόμη και αν η επιλογή μας αυτή καταλήξει να μη μας αρέσει, λόγω των θετικών σχολίων και αξιολογήσεων θα μας οδηγήσει σε ανάλογες θετικές κριτικές.

Η δύναμη που ασκεί επομένως η **πλειοψηφία** στα μέσα επικοινωνίας και στα μέσα κοινωνικής δικτύωσης είναι καθοριστική. Καλό θα είναι να μην επηρεαζόμαστε τόσο εύκολα από τις κριτικές, αλλά ούτε και να πιστεύουμε με ευκολία επίσης ό,τι μας σερβίρουν οι διαδικτυακές σελίδες. Ας ψάχνουμε λίγο παραπάνω την αλήθεια σε θέματα που μας ενδιαφέρουν και προτού προβούμε σε διαδικτυακές αγορές με βάση τις αξιολογήσεις, προτιμότερο είναι να βλέπουμε από κοντά το προϊόν, αν και εφόσον βέβαια μας δίνεται αυτή η δυνατότητα. Με αυτό τον τρόπο θα γίνουμε πιο αντικειμενικοί στις απόψεις μας, αλλά και πιο συνειδητοποιημένοι καταναλωτές.

(επιμέλεια κειμένου, Σ. Δημοπούλου)

Ερωτήσεις

1. Να γράψετε την περίληψη του κειμένου το πολύ σε 60 λέξεις.

2. «Ας ψάχνουμε λίγο παραπάνω την αλήθεια σε θέματα που μας ενδιαφέρουν και προτού προβούμε σε διαδικτυακές αγορές με βάση τις αξιολογήσεις, προτιμότερο είναι να βλέπουμε από κοντά το προϊόν, αν και εφόσον βέβαια μας δίνεται αυτή η δυνατότητα». Να αναπτύξετε τη θέση σας στο παραπάνω.

3. Κατά πόσο πιστεύετε επηρεάζεστε εσείς οι ίδιοι από τα λάικ σε μια φωτογραφία ή ένα κείμενο; Πώς αυτή η τάση συνδέεται με την προβολή και το κέρδος;

4. Να αντικαταστήσετε τις λέξεις με έντονα γράμματα με τις αντίθετές τους.

5. Να γράψετε έναν άλλον τίτλο στο κείμενο καθώς και πλαγιότιτλους για κάθε παράγραφο.

Κείμενο

ΜΜΕ. Δυνατότητα ή αδυναμία στα χέρια των εφήβων;

Το ακόλουθο άρθρο προέρχεται από μία έρευνα μαθητριών και μαθητών του 2ου Γυμνασίου Αλεξανδρούπολης σχετικά με την επιρροή των ΜΜΕ στους εφήβους.

Στη σημερινή εποχή, εξαιτίας του ταχύτατου ρυθμού των εξελίξεων της νέας τεχνολογίας, εμφανίζονται νέα δεδομένα και χαρακτηριστικά στην κοινωνική ζωή των ανθρώπων. Τα μέσα μαζικής ενημέρωσης και επικοινωνίας είναι ένας τομέας όπου οι αλλαγές αυτές είναι πολύ χαρακτηριστικές και σημαντικές, γιατί επηρεάζουν και πρόκειται να επηρεάσουν τον τρόπο που σκεφτόμαστε και συμπεριφερόμαστε ως πολίτες και μέλη της κοινωνίας μας. Ποια είναι η σχέση των σημερινών 15άρηδων εφήβων με τα παραδοσιακά, τα ηλεκτρονικά και ψηφιακά ΜΜΕ; Πώς τα χρησιμοποιούν, πόσα πράγματα γνωρίζουν για τις δυνατότητες, τις ιδιαιτερότητες και τους κινδύνους που κρύβονται σε αυτά;

Σύμφωνα με μια έρευνα που πραγματοποιήθηκε στο σχολείο μας ανάμεσα σε εξήντα μαθητές της Γ΄ τάξης σχετικά με την χρήση των Μέσων Μαζικής Ενημέρωσης από τους εφήβους, διαπιστώσαμε ότι περίπου οι μισοί έφηβοι που συμμετείχαν στην έρευνα απάντησαν πως τους ενδιαφέρει να ενημερώνονται για την τρέχουσα επικαιρότητα, με κύριο μέσο την τηλεόραση. Τα θέματα όμως που τους απασχολούν είναι κυρίως τα αθλητικά και τα καλλιτεχνικά και όχι τα θέματα που αφορούν στην κοινωνική και την οικονομική ζωή. [.....]

Η τηλεόραση, σύμφωνα πάντα με την έρευνά μας, εξακολουθεί να είναι ένα πολύ δυνατό μέσο ενημέρωσης και ψυχαγωγίας. Εξακολουθεί να διαμορφώνει την κοινή γνώμη και την πολιτιστική ταυτότητα της κοινωνίας ολόκληρης! Οι μαθητές δήλωσαν ότι στην τηλεόραση παρακολουθούν κυρίως τις τηλεοπτικές σειρές και τις αθλητικές εκπομπές.

Όσον αφορά δε στις απαντήσεις των μαθητών σχετικά με το διαδίκτυο, νομίζουμε πως αυτές είναι μάλλον αναμενόμενες. Στη συντριπτική τους πλειοψηφία οι έφηβοι βρίσκονται μπροστά στην οθόνη του υπολογιστή από μία με δύο έως τρεις με τέσσερις ώρες καθημερινά. Κυρίως το χρησιμοποιούν ως μέσο ψυχαγωγίας και επικοινωνίας, ενώ δεν χρησιμοποιούν τις πράγματι τεράστιες ενημερωτικές και μορφωτικές δυνατότητες αυτού του μέσου. Οπότε θεωρούμε απαραίτητη τουλάχιστον την ενημέρωση των νέων σχετικά με τους κινδύνους που συνδέονται με τη χρήση του διαδικτύου, μια ευθύνη που πρέπει να αναλάβουν το σχολείο και οι μεγαλύτεροι. [.....]

Οι νέοι χρησιμοποιούν τα ΜΜΕ χωρίς να αξιοποιούν όμως όλες τις δυνατότητές τους, αλλά κυρίως για να καλύψουν τις πραγματικά μεγάλες ανάγκες τους για επικοινωνία, ξεκούραση και διασκέδαση, δηλαδή με τον πιο «εύκολο» τρόπο. Πιστεύουμε, λοιπόν, πως πρέπει και οι μεγαλύτεροι και το σχολείο να ενημερώσουν και να διδάξουν στους νέους πώς να χρησιμοποιούν κριτικά και δημιουργικά τα ΜΜΕ, αξιοποιώντας όλες τις δυνατότητές τους, ώστε αυτά να είναι πραγματική δύναμη και όχι αδυναμία στα χέρια τους. Άλλωστε οι σημερινοί νέοι θα είναι οι αυριανοί πολίτες της νέας κοινωνίας της πληροφορίας. Από το πόσο ενημερωμένοι και κριτικοί θα είναι οι πολίτες της εξαρτάται και το πόσο δημοκρατική θα είναι αυτή η κοινωνία.

(άρθρο διασκευασμένο με αυθεντικό τίτλο, www.2gym-alexandr.evr.sch.gr)

Εργασία

Με βάση την παραπάνω έρευνα για την επιρροή των ΜΜΕ, να πραγματοποιήσετε και εσείς μία δική σας έρευνα με τις συμμαθήτριες και συμμαθητές σας στην τάξη του ελληνικού σχολείου. Να καταρτίσετε ένα ερωτηματολόγιο και να παρουσιάσετε σε ένα άρθρο για τη σχολική εφημερίδα τα αποτελέσματά σας.

Διαφήμιση και ΜΜΕ

1. Να περιγράψετε τις εικόνες και να αναφερθείτε στο είδος της διαφήμισης. Πιστεύετε πως πετυχαίνουν το στόχο τους και σε ποιο κοινό απευθύνονται;

(πηγή, www.pixabay.com)

(πηγή, www.tilestwra.com)

2. Να κάνετε την αντιστοίχιση:

ηλεκτρονική διαφήμιση	Σώστε το περιβάλλον!
εμπορική διαφήμιση	Όλοι στην αυριανή διαμαρτυρία!
κοινωνική διαφήμιση	Εγκαίνια στο νέο μας κατάστημα
πολιτική διαφήμιση	Διαφημίσεις στο φέισμπουκ
αφίσα	Η ψήφος σας μετρά!
πλακάτ	Καθαρίστε και τελειώσατε!

Παραγωγή λόγου και διαθεματική εργασία

1. Σε ένα κείμενο 150-200 λέξεων, αφού αναφερθείτε στην έννοια της διαφήμισης, να αναπτύξετε τα πλεονεκτήματα και μειονεκτήματα των διαφημίσεων. Εξηγήστε τους λόγους που η διαφήμιση έχει δύναμη και επηρεάζει τον άνθρωπο.

2. Με τη βοήθεια του διαδικτύου, να βρείτε διαφημίσεις έντυπες ή ηλεκτρονικές και να τις παρουσιάσετε στην τάξη.

3. Φτιάξτε τη δική σας κοινωνική διαφήμιση με εικόνα και λέξεις. Εργαστείτε ατομικά ή ομαδικά.

Σύνταξη-Γραμματική
Θυμάμαι τους χρόνους του ρήματος

Χρόνοι ονομάζονται οι μορφολογικοί τύποι του ρήματος με τους οποίους δηλώνεται πότε γίνεται αυτό που σημαίνει το ρήμα. Οι χρόνοι είναι τριών ειδών: α) οι παροντικοί, που δηλώνουν ότι κάτι γίνεται στο παρόν (ενεστώτας, παρακείμενος), β) οι παρελθοντικοί, που δηλώνουν ότι κάτι έγινε στο παρελθόν (παρατατικός, αόριστος, υπερσυντέλικος) και γ) οι μελλοντικοί, που δηλώνουν ότι κάτι θα γίνει στο μέλλον (συνοπτικός μέλλοντας, εξακολουθητικός μέλλοντας, συντελεσμένος μέλλοντας).

(Γραμματική Νέας Ελληνικής Γλώσσας Γυμνασίου ΟΕΔΒ, σελ. 75)

Ενεστώτας **τρέχω**	Παρατατικός **έτρεχα**	Αόριστος **έτρεξα**	Μέλλοντας συνοπτικός **θα τρέξω**
Μέλλοντας εξακολουθητικός **θα τρέχω**	Παρακείμενος **έχω τρέξει**	Υπερσυντέλικος **είχα τρέξει**	Συντ. μέλλοντας **θα έχω τρέξει**

Άσκηση

Να εξηγήσετε μέσα από δικά σας παραδείγματα τη διαφορά του Παρατατικού με τον Αόριστο και του Συνοπτικού με τον Εξακολουθητικό Μέλλοντα.

Να συμπληρώσετε τον παρακάτω πίνακα με τους χρόνους που λείπουν:

Ενεστώτας	Παρατ.	Αόριστος	Συν. μέλλ.	Παρακ.	Υπερσ.
αγαπώ	χόρευε	πιστέψαμε	θα πας	έχουν κλάψει	είχαμε περπατήσει

Τα ανώμαλα ρήματα

Υπάρχουν κάποια ρήματα στη νέα ελληνική που δε σχηματίζονται όπως τα άλλα, γι' αυτό και ονομάζονται ανώμαλα. Τα πιο συνηθισμένα στη χρήση τους είναι:

βγαίνω → βγ**ή**κα   βρίσκω → βρ**ή**κα

μπαίνω → μπ**ή**κα   ανεβαίνω → ανέβ**η**κα

λέω → **εί**πα   κατεβαίνω → κατέβ**η**κα

βλέπω → **εί**δα   είμαι → **ή**μουν

Άσκηση: Να εξασκηθείτε στην ορθογραφία των ανώμαλων ρημάτων και στην κλίση τους.

3η Ενότητα

Ο ψηφιακός μας κόσμος

Στην ενότητα αυτήν θα μάθεις ή και θα θυμηθείς:

√ **Για** τον ψηφιακό κόσμο μέσα από τους υπολογιστές

√ **Για** την εικονική πραγματικότητα μέσα από την οθόνη

√ **Για** την κυριαρχία της τεχνητής νοημοσύνης σε όλα τα μέσα

√ **Για** τα οφέλη και τους κινδύνους που προκύπτουν από τις νέες τεχνολογίες

√ **Τα** ρήματα της δεύτερης συζυγίας

√ **Την** κλίση των ρημάτων της β συζυγίας στην ενεργητική φωνή

Κείμενο

Ένας νέος ψηφιακός κόσμος

Ο νέος ψηφιακός κόσμος του metaverse (ή μετά-σύμπαν) αποτελεί πλέον μια πραγματικότητα που σταδιακά παίρνει σάρκα και οστά, προετοιμάζοντάς μας για ένα νέο κεφάλαιο που θα φέρει ριζικές αλλαγές καθώς και νέες προκλήσεις, τόσο στην επαγγελματική όσο και την κοινωνική μας ζωή.

Το Metaverse συνδυάζει δύο έννοιες, οι οποίες υπάρχουν εδώ και πολλά χρόνια: 1) την εικονική πραγματικότητα και 2) μια δεύτερη ψηφιακή ζωή. Σύμφωνα με τους New York Times, οι ειδικοί στον τομέα της Τεχνολογίας ονειρεύονται εδώ και δεκαετίες μια εποχή, στην οποία οι εικονικές μας ζωές θα παίζουν εξίσου σημαντικό ρόλο με τις κανονικές μας ζωές. Δηλαδή, από θεωρητικής απόψεως, να περνάμε πολύ χρόνο συναναστρεφόμενοι τους φίλους και τους συναδέλφους μας, σε εικονικά περιβάλλοντα. Κατά συνέπεια, θα ξοδεύουμε και χρήματα στον διαδικτυακό αυτό χώρο, για την αγορά ρούχων και αντικειμένων για τις ψηφιακές εκδοχές των εαυτών μας (Avatars). [...]

Ο Μάθιου Μπολ, επιχειρηματίας που έχει εξετάσει σε βάθος το θέμα, αναφέρει ότι το μετασύμπαν αντιπροσωπεύει το τέταρτο κύμα στον τομέα των υπολογιστών, μετά τον κεντρικό υπολογιστή, τον προσωπικό υπολογιστή και τον φορητό υπολογιστή. «Περνάει στη φάση αυτού που πολλοί αποκαλούν "υπολογιστή περιβάλλοντος"», αναφέρει ο ίδιος σχετικά με το Metaverse. «Σημαίνει να είσαι εντός του υπολογιστή κι όχι απλώς να τον χρησιμοποιείς. Σημαίνει να είσαι πάντα μέσα στο διαδίκτυο, παρά να έχεις απλώς πρόσβαση σε έναν διαδικτυακό κόσμο».

Όταν το Metaverse μπει στις ζωές μας, αναμένεται να αλλάξει εκ θεμελίων τον τρόπο που εργαζόμαστε, σύμφωνα με τη Wall Street Journal. Ειδικότερα, κάθε φορά που θα πρέπει να συναντηθούμε με συναδέλφους ή πελάτες, θα συνδεόμαστε σε εικονικούς χώρους, οι οποίοι θα είναι τόσο ρεαλιστικοί, που θα μας κάνουν να αισθανόμαστε σα να βρισκόμαστε πράγματι εκεί. Θα βλέπουμε ο ένας τον άλλον σε μορφή Avatar, τα οποία – εάν το θελήσουμε – θα είναι σχεδόν ίδια με εμάς. Και φορώντας ειδικά γάντια, θα μπορούμε να αγγίζουμε και να μεταχειριζόμαστε εικονικές εκδοχές πραγμάτων, όπως μηχανήματα ή υφάσματα.

Οι εταιρείες που υιοθετούν την τηλεργασία θα συνεχίσουν να διεξάγουν σε ορισμένες περιπτώσεις, συσκέψεις με φυσική παρουσία. Ωστόσο, κάποιοι ειδικοί αναμένουν ότι το νέο εικονικό περιβάλλον πρόκειται να αλλάξει εκ θεμελίων τον τρόπο που εργάζονται πολλοί άνθρωποι, ενώ θα δημιουργήσει και νέες θέσεις εργασίας, κάποιες από τις οποίες δεν υπάρχουν ακόμα. […]

Βέβαια, το Metaverse αναμένεται να φέρει και νέες προκλήσεις, όπως μεγαλύτερο ανταγωνισμό στην αγορά εργασίας και αναμφίβολα αύξηση του ρυθμού αντικατάστασης υπαλλήλων, αφού η τοποθεσία θα θεωρείται λιγότερο σημαντική. Επιπλέον, οι εργοδότες θα παρακολουθούν στενότερα όσα κάνουν οι εργαζόμενοι, γεγονός που προκαλεί προβληματισμό σε ό,τι αφορά την ιδιωτικότητα. Τα εικονικά γραφεία θα δημιουργήσουν επίσης την ανάγκη για νέους κανόνες, όπως για παράδειγμα την ύπαρξη ενδυματολογικού κώδικα για τα Avatar.

(άρθρο διασκευασμένο του Τ. Ντάφλα, Εφ. Καθημερινή, 09.02.2022. Πηγή, www.filologika.gr)

Ερωτήσεις

1. Πώς αντιλαμβάνεστε την έννοια μετασύμπαν όπως αυτή αναλύεται μέσα στο κείμενο; Ποια είναι η γνώμη σας;

2. Να αναλύσετε τα πλεονεκτήματα και μειονεκτήματα μιας εικονικής ζωής μέσα από τον υπολογιστή. Υπάρχουν ορατοί κίνδυνοι και ποιοι είναι αυτοί;

3. «Επιπλέον, οι εργοδότες θα παρακολουθούν στενότερα όσα κάνουν οι εργαζόμενοι, γεγονός που προκαλεί προβληματισμό σε ό,τι αφορά την ιδιωτικότητα». Πώς αντιλαμβάνεστε την άποψη του αρθρογράφου;

4. τηλεργασία: να γράψετε όσες περισσότερες λέξεις γνωρίζετε με α΄ συνθετικό το -**τηλε** που σημαίνει μακριά.

5. ριζικές, τομέας, εικονικό, αναμφίβολα, προβληματισμό: να γράψετε για κάθε μία λέξη σε όποιον τύπο θέλετε και από μία πρόταση, ώστε να φαίνεται η σημασία της.

Εικόνες

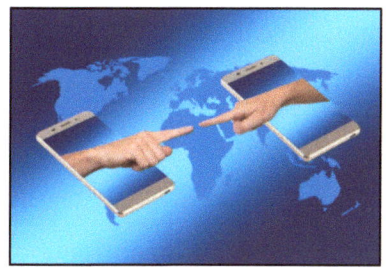 

(πηγές εικόνων, www.pixabay.com)

Εργασία

Αφού περιγράψετε αυτό που προσπαθούν να μας μεταδώσουν οι εικόνες, να αναφερθείτε στα ηλεκτρονικά παιχνίδια και πώς αυτά μας μεταφέρουν σε έναν εικονικό κόσμο. Αναλύστε με βάση τις προσωπικές σας εμπειρίες.

Κείμενο

Τεχνητή νοημοσύνη: μια νέα πραγματικότητα

Πολύς λόγος γίνεται τελευταία για την τεχνητή νοημοσύνη ή αλλιώς Artificial Intelligence (AI) σύμφωνα με την αγγλική ορολογία. Ουσιαστικά πρόκειται για τη μίμηση της ανθρώπινης νοημοσύνης με τεχνικά μέσα, τα οποία επεξεργάζεται ο υπολογιστής. Ήδη η τεχνητή νοημοσύνη έχει μπει στη ζωή μας μέσα από κάποιες λειτουργίες, όπως για παράδειγμα η Alexa ή η Siri, στις οποίες δίνουμε εντολές είτε στο έξυπνο σπίτι, είτε όταν χρειαζόμαστε μια πληροφορία. Για παράδειγμα, μπορούμε να μεταφράσουμε κάτι σε άλλη γλώσσα με απίστευτη ταχύτητα, να υπαγορεύσουμε ένα κείμενο και να το έχουμε στην οθόνη ή να επιλέξουμε προορισμό άγνωστο και να μας οδηγήσει εκεί με ακρίβεια.

Είναι αναμφίβολο πως σε κάθε ανθρώπινη ανακάλυψη υπάρχουν πάντα οι θετικές και αρνητικές πλευρές. Στην περίπτωση της τεχνητής νοημοσύνης, η ταχύτητα στη λήψη αποφάσεων ή η ταχύτητα εκμάθησης και πρόσληψης πληροφοριών είναι απίστευτη. Με τον τρόπο αυτό, η τεχνητή νοημοσύνη ίσως αποβεί χρήσιμη στον επιχειρηματικό τομέα, στον τομέα της ιατρικής ή σε κάποιο εργοστάσιο, όπου θα μπορεί γρήγορα και εύκολα να διακρίνει το άχρηστο προϊόν προτού βγει στην αγορά. Πολύ σημαντική θα είναι ίσως η συνεισφορά της στην πρόληψη φυσικών ή περιβαλλοντικών καταστροφών.

Από την άλλη πλευρά ενέχει και κινδύνους. Εάν τα ρομπότ αντικαταστήσουν την ανθρώπινη εργασία, αναμενόμενο είναι να χαθούν πολλές θέσεις εργασίας. Πάρτε παράδειγμα την πρόσφατη απεργία των σεναριογράφων που εργάζονται στο Χόλυγουντ και απειλείται η εργασία τους από την τεχνητή νοημοσύνη, η οποία θα γράψει μεγάλο μέρος των σεναρίων μιας ταινίας. Εξίσου σημαντική θα είναι και η απουσία ιδιωτικότητας, αφού θα εισχωρήσει με τέτοιο τρόπο στη ζωή μας, ώστε να παρακολουθεί κάθε μας κίνηση.

Ίσως θα πρέπει να λάβουμε σοβαρά υπόψιν τους κινδύνους από την επερχόμενη εξέλιξή της που θα μπορούσε να οδηγήσει σε ακραίες καταστάσεις, που μόνο μια κινηματογραφική ταινία μπορούσε να συλλάβει στο παρελθόν. Μήπως όμως και οι ταινίες ουσιαστικά δεν προβλέπουν το μέλλον και δεν ανταποκρίνονται στην πραγματικότητα;

(επιμέλεια κειμένου, Σ. Δημοπούλου. Πηγή πληροφοριών,
www.bigblue.academy)

Εργασία- παραγωγή λόγου

1. Σε ένα κείμενο 150-200 λέξεων να αναφερθείτε στην τεχνητή νοημοσύνη σε σχέση με την καθημερινότητα και τη σχολική ζωή. Πού τη χρησιμοποιείτε εσείς και πώς πιστεύετε μπορεί να φανεί χρήσιμη ή και επικίνδυνη; Με ποιο τρόπο θα μπορούσε να βοηθήσει τους μαθητές;

2. Προσπαθήστε να βρείτε ταινίες που έχουν θέμα τους τα ρομπότ και την τεχνητή νοημοσύνη και παρουσιάστε στην τάξη το θέμα τους. Συζητήστε με τις συμμαθήτριες και συμμαθητές σας τα οφέλη και τους κινδύνους που προκύπτουν μέσα από έναν δημιουργικό διάλογο.

Σύνταξη-Γραμματική

Συνηρημένα ρήματα

Τα συνηρημένα ή αλλιώς ρήματα της δεύτερης συζυγίας διακρίνονται σε δύο κατηγορίες: α) ρήματα σε -**αω/ώ**, π.χ. αγαπάω-αγαπώ

β) ρήματα που κλίνονται σε -**ω, εις, ει**, π.χ. θεωρώ, θεωρείς, κλπ.

Κλίση του ρήματος **αγαπώ** και **θεωρώ** στον Ενεστώτα και Παρατατικό

αγαπάω/αγαπώ	αγαπούσα	θεωρώ	θεωρούσα
αγαπάς	αγαπούσες	θεωρείς	θεωρούσες
αγαπάει/αγαπά	αγαπούσε	θεωρεί	θεωρούσε
αγαπάμε	αγαπούσαμε	θεωρούμε	θεωρούσαμε
αγαπάτε	αγαπούσατε	θεωρείτε	θεωρούσατε
αγαπάνε/αγαπούν	αγαπούσαν	θεωρούν	θεωρούσαν

Άσκηση

Να συμπληρώσετε τα ρήματα στο σωστό πρόσωπο και χρόνο:

α. Όλη η παρέα ………… (γελώ) με τα αστεία του.

β. Μου είπε πως με ………….. (αγαπώ).

γ. Πολύ ………… (μιλάω), είπε η δασκάλα στους μαθητές.

δ. Μην …………….. (τραγουδώ) τόσο δυνατά σε παρακαλώ.

ε. Σε παρακαλώ πολύ μην ……………… (αργώ).

στ. ……………….. (καθυστερώ) πολύ να φέρεις τον καφέ μου.

ζ. Οι άνθρωποι συχνά ……………….. (ξεχνώ) να πουν ευχαριστώ.

η. Σε ………….… (θεωρώ) μία πολύ έξυπνη μαθήτρια.

θ. Να ……………. (περνώ) όμορφα, μας ευχήθηκε η θεία μου.

ι. Μη …………….. (σταματώ) να ονειρεύεστε παιδιά μου!

ια. Όλο το καλοκαίρι σχεδόν ……………… (ξενυχτώ) κάθε βράδυ.

ιβ. Δε …………… (μπορώ) να βγάλει απ΄το μυαλό του την αδικία που έγινε.

ιγ. Την …………… (παραμελώ) όλα τα χρόνια του έγγαμου βίου τους, με αποτέλεσμα να πάρουν διαζύγιο.

4η Ενότητα

Μαγειρεύουμε;

Στην ενότητα αυτήν θα μάθεις ή και θα θυμηθείς:

√ **Για** την αξία της σωστής διατροφής

√ **Για** τη σημασία της υγιεινής κουζίνας και μαγειρικής

√ **Για** τη διατροφική μόδα

√ **Για** τη διατροφή των νέων

√ **Τα** ρήματα της δεύτερης συζυγίας στην παθητική φωνή

√ **Την** κλίση των ρημάτων της δεύτερης συζυγίας στην παθητική φωνή

Κείμενο

Διατροφή και σχολικές επιδόσεις

Οι ερευνητές που ασχολούνται με την παιδική υγεία έχουν πειραματιστεί με τη διατροφή των μαθητών στις Ηνωμένες Πολιτείες για περισσότερα από είκοσι χρόνια. Τα συμπεράσματα στα οποία κατέληξαν είναι ότι η **βελτιωμένη** διατροφή έχει τη δυνατότητα να επηρεάσει τις επιδόσεις και τη συμπεριφορά των μαθητών.

Αν και οι ερευνητές **εξακολουθούν** να εργάζονται πάνω σε αυτό το αντικείμενο για να αποδείξουν τη **σύνδεση** της διατροφής με τη σχολική απόδοση, η έρευνα δείχνει ότι με την καλύτερη διατροφή οι μαθητές έχουν καλύτερη ικανότητα να μαθαίνουν, έχουν λιγότερες απουσίες και η συμπεριφορά τους βελτιώνεται, **προκαλώντας** λιγότερες διαταραχές στην τάξη.

Αρκετές μελέτες δείχνουν ότι η διατροφική κατάσταση μπορεί να επηρεάσει άμεσα τη διανοητική ικανότητα των παιδιών σχολικής ηλικίας. Για παράδειγμα, η **έλλειψη** σιδήρου, ακόμα και σε πρώιμα στάδια, μπορεί να επηρεάσει αρνητικά τη γνώση. Οι ανεπάρκειες σε άλλες βιταμίνες όπως η βιταμίνη Ε, η βιταμίνη Β, το ιώδιο και ο ψευδάργυρος, φαίνεται να εμποδίζουν τις γνωστικές ικανότητες και τη συγκέντρωση. Υπάρχουν επίσης αρκετές μελέτες που δείχνουν ότι οι θρεπτικές ουσίες μπορούν να επηρεάσουν τα γνωστική ικανότητα και νοημοσύνη των παιδιών σχολικής ηλικίας.

Η καλή διατροφή βοηθά τους μαθητές να εμφανίζονται στο σχολείο έτοιμοι να μάθουν. Επειδή η βελτίωση της διατροφής **καθιστά** τους μαθητές πιο υγιείς, αυτοί είναι πιθανό να έχουν λιγότερες απουσίες και να παρακολουθούν τα μαθήματα πιο συγκεντρωμένοι. Οι μελέτες δείχνουν ότι ο υποσιτισμός οδηγεί σε προβλήματα συμπεριφοράς και ότι η ζάχαρη έχει αρνητικές επιπτώσεις στη συμπεριφορά των παιδιών. Ωστόσο, αυτά τα αρνητικά αποτελέσματα μπορούν να αντιμετωπιστούν, όταν τα παιδιά έχουν μια ισορροπημένη διατροφή που περιλαμβάνει πρωτεΐνες, λιπαρά, υδατάνθρακες και φυτικές ίνες. Έτσι, οι μαθητές θα έχουν περισσότερο χρόνο στην τάξη και λιγότερη απόσπαση της προσοχής τους κατά τη διάρκεια του μαθήματος. Επιπλέον, η συμπεριφορά των μαθητών μπορεί να βελτιωθεί και να προκαλέσει λιγότερες διαταραχές στην τάξη, δημιουργώντας ένα καλύτερο μαθησιακό περιβάλλον για κάθε μαθητή.

Κάθε μαθητής έχει τη δυνατότητα να πάει καλά στο σχολείο. Η απουσία όμως μιας καλής και ισορροπημένης διατροφής, θέτει σε κίνδυνο αυτή τη δυνατότητα. Ωστόσο, η δράση από τους γονείς και τους αρμόδιους φορείς για την παροχή πιο υγιεινών επιλογών στα σχολεία μπορεί να βοηθήσει τους μαθητές να δημιουργήσουν ένα επιτυχημένο μέλλον γεμάτο δυνατότητες.

(άρθρο διασκευασμένο του διαιτολόγου Α. Χρονόπουλου,

www.apostoloschronopoulos.gr)

Ερωτήσεις

1. Να σημειώσετε το **Σωστό** και **Λάθος** σύμφωνα με το κείμενο:

α. Η σωστή διατροφή δε συνδέεται με τη βελτιωμένη σχολική επίδοση Σ Λ

β. Με την καλύτερη διατροφή οι μαθητές είναι πιο συγκεντρωμένοι.   Σ Λ

γ. Ο υποσιτισμός οδηγεί σε προβληματική συμπεριφορά   Σ Λ

δ. Οι διαταραχές στην τάξη δε συνδέονται με τη σωστή διατροφή   Σ Λ

ε. Οι γονείς μπορούν να συμβάλουν σε μια πιο υγιεινή διατροφή

στα σχολεία   Σ Λ

2. Να γράψετε από ένα συνώνυμο για τις λέξεις με έντονα γράμματα στο κείμενο.

3. Τι σημαίνει για εσάς ισορροπημένη διατροφή και πώς οι γονείς μπορούν να βοηθήσουν, ώστε το παιδί να τρέφεται σωστά στο σχολείο; Αναφερθείτε σε δικές σας εμπειρίες.

Κείμενο

Τι θα φάμε σήμερα;

Η Στέλλα και η Κάτια σπουδάζουν μαζί και είναι συγκάτοικοι. Είναι Κυριακή μεσημέρι και συζητούν τι θα μαγειρέψουν. Η Κάτια είναι χορτοφάγος και αγαπά την υγιεινή διατροφή, ενώ η Στέλλα τρελαίνεται για φαστ φουντ και φαγητό απ' έξω. Ας παρακολουθήσουμε το διάλογο.

- Στέλλα: Επιτέλους θα φάμε μαζί σήμερα!

-Κάτια: Αχ ναι! Επιτέλους. Τι σκέφτηκες να μαγειρέψουμε;

- Στέλλα: Σιγά μη μαγειρέψουμε.. θα παραγγείλουμε από τη γωνία ωραιότατα σουβλάκια με τηγανητές πατάτες και πίτες! Το αγαπημένο μου.

- Κάτια: Α, εδώ θα διαφωνήσω Στέλλα μου. Το ξέρεις πολύ καλά πως δε μου αρέσει καθόλου να τρώω κρέας. Σκέφτηκα να φτιάξω μία μακαρονάδα με σάλτσα. Τι λες;

- Στέλλα: Έχω μια απορία… για ποιο λόγο αποφεύγεις το κρέας;

- Κάτια: Μα γιατί έχει πολλά λίπη φυσικά. Και δεν έχει θρεπτικές ουσίες.

- Στέλλα: Κάνεις λάθος. Το κρέας έχει βιταμίνες, μαγνήσιο και σίδηρο. Εξάλλου, όλα τα είδη κρέατος δεν είναι απαραιτήτως λιπαρά. Επίσης και ο τρόπος μαγειρέματος έχει σημασία. Αλλιώς είναι να τηγανίσεις το κρέας και αλλιώς να το ψήσεις.

- Κάτια: Εδώ θα συμφωνήσω μαζί σου. Αλλά και εσύ οφείλεις να παραδεχτείς ότι η κατανάλωση φρούτων και λαχανικών προσφέρει στον οργανισμό όλα όσα του χρειάζεται, ώστε να αντέξει την καθημερινότητα.

- Στέλλα: Φυσικά και συμφωνώ. Εξάλλου τρελαίνομαι για σαλάτες. Προτείνω λοιπόν να φάει η κάθε μία ό,τι της αρέσει και να φτιάξουμε μια μεγάλη και θρεπτική σαλάτα!

- Κάτια: Η ιδέα σου είναι υπέροχη. Πάμε να μαγειρέψουμε.

(επιμέλεια κειμένου, Σ. Δημοπούλου)

Ερωτήσεις

1. Για ποιο λόγο διαφωνούν οι δύο φίλες; Θεωρείτε ότι η κάθε μία έχει από την πλευρά της δίκιο;

2. Αναφερθείτε σε μία παράγραφο στο ρόλο της οικογένειας στις διατροφικές συνήθειες ενός παιδιού.

3. Να κάνετε την αντιστοίχιση:

διατροφικές συνήθειες	βρίσκεται στο σπανάκι
βιταμίνη C	μας προσφέρει το γάλα
σίδηρος	έχουν τα γλυκά
ασβέστιο	είναι άφθονη στα πορτοκάλια
λιπαρά	η απουσία όρεξης
μεσογειακή διατροφή	το υπερβολικό βάρος
παχυσαρκία	βασίζεται στο ελαιόλαδο
ανορεξία	ο τρόπος που κάποιος τρέφεται

Συμπληρωματικό κείμενο

Διατροφή και εφηβεία

Η εφηβεία είναι μια μεταβατική περίοδος από τον κόσμο της παιδικής ανεμελιάς στην ενήλικη ζωή. Σε αυτή την περίοδο παρατηρούνται ραγδαίες ψυχολογικές και σωματικές αλλαγές, αλλά και η τελική διαμόρφωση της προσωπικότητας. Οι αυξημένες ενεργειακές ανάγκες είναι αδιαμφισβήτητο γεγονός, καθώς ο έφηβος χρειάζεται ενέργεια για την αύξηση του μυϊκού ιστού, την ανάπτυξη του σκελετού και του νευρικού συστήματος.

Είναι, λοιπόν, απαραίτητο οι έφηβοι να προσλαμβάνουν την κατάλληλη ποσότητα ενέργειας καθημερινά, η οποία να εξασφαλίζει τη λήψη θρεπτικών συστατικών με αυξημένες ημερήσιες ανάγκες σε πρωτεΐνη, ασβέστιο και σίδηρο, ενώ ιδιαίτερη προσοχή χρειάζεται στην υπερκατανάλωση τροφών με υψηλή περιεκτικότητα σε λίπος και απλούς υδατάνθρακες (ζάχαρη).

Παράλληλα σε αυτή την ηλικία, όλο και πιο συχνά, νέα παιδιά και έφηβοι ξεκινούν από μόνοι τους να διαφοροποιούν σημαντικά την διατροφή τους επιχειρώντας να χάσουν κιλά ακόμα κι αν αυτό δε χρειάζεται. Είναι σημαντικό λοιπόν, να εκπαιδευτούν σε σχέση με τη διατροφή τους και τις ανάγκες τους, αλλά και με την ποιότητα των τροφών που θα πρέπει να καταναλώνουν.

Ο σύγχρονος έφηβος, λόγω του γρήγορου ρυθμού ζωής του και του υπερβολικά φορτωμένου προγράμματός του με το σχολείο και άλλες δραστηριότητες, συχνά δεν εφαρμόζει το προτεινόμενο σχήμα των 'τριών γευμάτων την ημέρα' και των 'δύο ενδιάμεσων σνακς' που συνιστούν οι ειδικοί.

Χρειάζονται καθημερινά:

3 μερίδες γαλακτοκομικών

3 μερίδες πρωτεΐνης

4-5 μερίδες φρούτων και λαχανικών

6 μερίδες δημητριακών (κυρίως ολικής άλεσης)

Σχεδιασμός γευμάτων

Πρωινό (πολύ σημαντικό για τους μαθητές)

3 κύρια γεύματα

2-3 ενδιάμεσα σνακ

Επιλογές πρωινού

1 φλιτζάνι γάλα με δημητριακά πρωϊνού και 1 φρούτο

1 αυγό, 1-2 φέτες ψωμί, λίγο τυρί και 1 φρούτο

1 φλιτζάνι γάλα, 1 κομμάτι σπιτικό κέικ και 1 φρούτο

1 φλιτζάνι γάλα, 1-2 φέτες ψωμί με λίγο βούτυρο και μέλι και 1 φρούτο ή χυμός

1 γιαούρτι με δημητριακά πρωϊνού και 1-2 φρούτα

1 τοστ (ψωμί, ζαμπόν, τυρί) και 1 φρούτο ή χυμός

Θρεπτικά σνακ

Φρούτα φρέσκα ή αποξηραμένα

Γάλα ή γιαούρτι

Ξηροί καρποί

Φυσικός Χυμός

Λαχανικά σε λωρίδες με ελαιόλαδο και αλάτι

Παστέλι

Μπάρες δημητριακών με καρπούς και σπόρους

Κουλούρι σουσαμένιο ή με σταφίδες

Σπιτική τυρόπιτα ή χορτόπιτα/ Σπιτικό κέικ

Μια διατροφή χαμηλή σε θρεπτική αξία μπορεί να οδηγήσει σε:

παχυσαρκία

διαταραχές στο ρυθμό ανάπτυξης

μείωση του μεταβολισμού

σωματική κόπωση

αδυναμία συγκέντρωσης

συμπτώματα κατάθλιψης

μειωμένη αντίσταση στις λοιμώξεις

Η εφηβική ηλικία αποτελεί περίοδο έντονων αλλαγών, σωματικών και ψυχικών, συμπεριφοράς και αντιλήψεων, στόχων, σκοπών, προσανατολισμών και είναι αναμενόμενο ότι και οι διατροφικές συνήθειες αλλάζουν, ενώ οι σχετικές συμβουλές για ορθή διατροφή συχνά αγνοούνται και πολλές φορές απορρίπτονται.

(άρθρο ελαφρώς διασκευασμένο της Αμαλίας Λουΐζου, www.niotho.gr)

Εργασία

Ως έφηβοι να πάρετε θέση στο παραπάνω άρθρο και να αναφερθείτε κατά πόσο εφαρμόζετε τις παραπάνω διατροφικές συνήθειες. Πιστεύετε ότι ο συνδυασμός σωματικής άσκησης και σωστής διατροφής οδηγεί σε καλύτερη υγεία; Επιχειρηματολογήστε.

Παραγωγή λόγου και διαθεματική εργασία

1. Παίρνετε μέρος σε ένα πρότζεκτ του σχολείου σας σχετικό με την υγιεινή και ανθυγιεινή διατροφή. Σε ένα κείμενο 150-200 λέξεων παρουσιάζετε τις απόψεις σας σχετικά με τις διατροφικές συνήθειες στο σχολείο και προτείνετε τρόπους βελτίωσης αυτών των συνηθειών.

2. Παρουσιάστε στην τάξη τη διατροφική αξία κάποιων τροφών και εργαστείτε σε ομάδες. Στη συνέχεια, προτείνετε μία αγαπημένη σας συνταγή φαγητού ή γλυκού που είναι υγιεινή και πλούσια σε θρεπτικά συστατικά.

3. Να εξηγήσετε την παρακάτω διατροφική πυραμίδα σε ένα κείμενο.

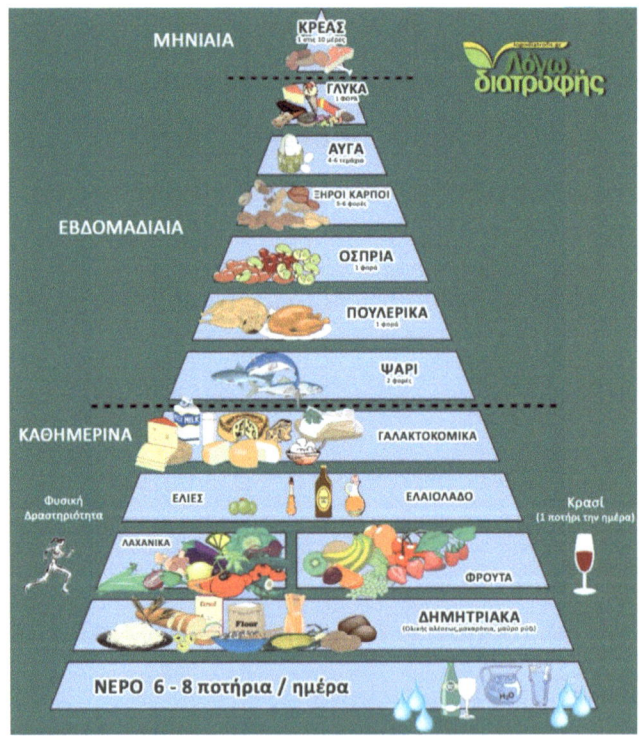

(πηγή, www.logodiatrofis.gr)

Γραμματική-Ορθογραφία

Τα ρήματα της Β΄ συζυγίας στην Παθητική φωνή έχουν κατάληξη **-ιεμαι** και **-ουμαι.** Η κλίση τους στον Ενεστώτα και Παρατατικό είναι η εξής:

αγαπιέμαι	αγαπιόμουν (α)	θεωρούμαι	θεωρούμουν
αγαπιέσαι	αγαπιόσουν (α)	θεωρείσαι	θεωρούσουν*
αγαπιέται	αγαπιόταν (ε)	θεωρείται	θεωρούνταν*
αγαπιόμαστε	αγαπιόμασταν	θεωρούμαστε	θεωρούμασταν*
αγαπιέστε	αγαπιόσασταν	θεωρείστε	θεωρούσασταν*
αγαπιούνται	αγαπιούνταν\αγαπιόνταν\ αγαπιόντουσαν	θεωρούνται	θεωρούνταν (ε)

*Οι τύποι αυτοί του ρήματος δε χρησιμοποιούνται συνήθως.

Ασκήσεις

1. Να κλίνετε τα παρακάτω ρήματα της Β΄ συζυγίας στην Παθητική Φωνή σε Ενεστώτα και Παρατατικό σύμφωνα με τα παραδείγματα και στη συνέχεια να γράψετε δικές σας προτάσεις:

πετιέμαι, γελιέμαι, κρατιέμαι, συγκρατούμαι, αρκούμαι, διηγούμαι.

2. Να συμπληρώσετε τον τύπο των ρημάτων της Β΄ συζυγίας στην Παθητική Φωνή και στους σωστούς χρόνους:

α. Δε ………….. (μιλώ) σήμερα ο Νίκος! Είναι όλο νεύρα.

β. Θυμάμαι στο σπίτι της γιαγιάς δεν …………… (πετάω) τα φαγητά. Τα τρώγαμε και την επόμενη μέρα.

γ. Η Έλσα .... (θεωρώ) από τις καλύτερες μαθήτριες μέσα στην τάξη.

δ. Η Κωνσταντίνα και ο Πέτρος .... (αγαπώ) πολύ και το καλοκαίρι ετοιμάζονται για γάμο.

ε. Τα παιδιά .... (αθλούμαι) εντατικά προκειμένου να πάρουν μέρος στους πανελλήνιους αγώνες.

στ. Κάθε βράδυ πριν πάω για ύπνο η μαμά μου μού .... (διηγούμαι) και μία ωραία ιστορία από την παιδική της ηλικία.

ζ. Μία έκθεση .... (αποτελούμαι) από πρόλογο, κυρίως μέρος και επίλογο.

η. Δε .... (νικώ) με τίποτα αυτή η ομάδα μπάσκετ! Είναι φοβερή!

θ. Μην ....(κρεμάω) απ' τα κάγκελα, γιατί θα πέσεις!

ι. Το σπίτι μας .... (πουλάω) σε πολύ καλή τιμή.

5η Ενότητα

Η γλώσσα μας

Στην ενότητα αυτήν θα μάθεις ή και θα θυμηθείς:

√ **Την** έννοια της γλώσσας

√ **Την** αξία και σημασία της εκμάθησης της γλώσσας μας

√ **Τη** διαφορά στους όρους ξένη και γλώσσα καταγωγής (μητρική)

√ **Τους** λόγους που η γλώσσα έχει δύναμη

√ **Την** κλίση των ρημάτων της Β΄συζυγίας στον Αόριστο και Παρακείμενο

√ **Την** κτητική αντωνυμία

Κείμενο

Η γλωσσική παιδεία και η σημασία της

Γλώσσα ονομάζουμε τον τρόπο έκφρασης ενός λαού με τον οποίο επικοινωνεί και εκφράζεται. Η γλώσσα δεν είναι στατική, αλλά αλλάζει διαρκώς μέσα στο χρόνο. Μητρική είναι η γλώσσα που μαθαίνει κανείς στα πλαίσια της οικογένειάς του, ενώ ξένη είναι μια δεύτερη ή τρίτη γλώσσα που μαθαίνουμε είτε για να μπορούμε να ταξιδέψουμε κάπου, να σπουδάσουμε, για να πλουτίσουμε τις γνώσεις μας, αλλά και να βρούμε ευκολότερα εργασία. Σε σχολεία πολλών κρατιδίων της Γερμανίας διδάσκεται η ελληνική ως γλώσσα καταγωγής. Αυτό σημαίνει ότι όποια\όποιος επισκέπτεται τα σχολεία αυτά, η Ελλάδα είναι η χώρα καταγωγής των γονιών του ή τουλάχιστον ενός από τους δύο γονείς.

Με τη γλώσσα αρχικά επικοινωνούμε με τους άλλους και ανταλλάσσουμε πληροφορίες. Εκφράζουμε συναισθήματα και μεταφέρουμε σκέψεις και ιδέες. Η γλώσσα επίσης παράγει πολιτισμό. Έργα της πεζογραφίας και της ποίησης αποτελούν το αποτύπωμα της γλώσσας κάθε λαού. Πέρα από αυτό, η κοινή γλώσσα ενώνει και συντελεί στη συνέχιση της παράδοσης μιας χώρας.

Όπως προαναφέρθηκε, η γλώσσα αλλάζει με το πέρασμα των χρόνων. Η εξέλιξη της κοινωνίας, η επικράτηση της τεχνολογίας, η αλλαγή της σκέψης και η επιβολή νέων προτύπων, οδηγούν στην αλλαγή και της γλώσσας. Λέξεις που υπήρχαν και χρησιμοποιούσαν οι άνθρωποι πολλά χρόνια πριν, πλέον έχουν αντικατασταθεί. Εκτός από αυτό, με την εξέλιξη των νέων τεχνικών μέσων ξεπηδούν ολοένα και καινούριες λέξεις. Αυτό σημαίνει ότι η γλώσσα κατά κάποιο τρόπο συμβαδίζει με την κοινωνία και τις ανάγκες της, αλλά παράλληλα αλλοιώνεται σταδιακά.

Το εκπαιδευτικό σύστημα και τα σχολεία θα πρέπει να έχουν βασική προτεραιότητά τους τη σωστή εκμάθηση της γλώσσας. Θα πρέπει να καλλιεργείται η επικοινωνία και ο διάλογος μεταξύ μαθητών, ώστε να αποφεύγονται συγκρούσεις και να λύνονται οι οποιεσδήποτε διαφορές με δημοκρατικό τρόπο. Μόνο έτσι θα μπορέσει να θεωρηθεί πετυχημένο ένα εκπαιδευτικό σύστημα και μόνο έτσι θα μπορέσει μία πολυπολιτισμική κοινωνία να προοδεύσει μέσα από τη γλωσσική παιδεία.

(επιμέλεια κειμένου, Σ. Δημοπούλου)

Ερωτήσεις

1. Να αναφερθείτε στη δική σας εμπειρία σχετικά με την εκμάθηση μιας γλώσσας, είτε είναι η μητρική σας είτε ξένη. Να εξηγήσετε πώς γίνεται το μάθημα και κατά πόσο πιστεύετε σας βοηθά η δική σας γλώσσα να κατανοήσετε ευκολότερα μία ξένη.

2. Να βάλετε τις παρακάτω λέξεις στο σωστό τύπο: γλώσσα, πολιτισμός, παράδοση, στατικός, εξέλιξη, πρόοδος, δημοκρατία, παιδεία.

α. Η γλωσσική ……………… μαρτυρά το επίπεδο ενός λαού.

β. Η τεχνολογική ……………. έχει δημιουργήσει νέες λέξεις.

γ. Η γλώσσα δεν είναι ………………….., αφού διαρκώς αλλάζει.

δ. Ο .... ενός λαού αντανακλάται στη γλώσσα του.

ε. Η .... κόκαλα δεν έχει και κόκαλα τσακίζει σύμφωνα με μία παροιμία.

στ. Στην κοινωνική .... συμβάλλει η σωστή σκέψη των πολιτών.

ζ. Η γλώσσα μαζί με τα ήθη και έθιμα αποτελεί την .... ενός έθνους.

η. Ο ορθός πολιτικός λόγος που στοχεύει στο κοινό καλό αποτελεί θεμέλιο της...........................

3. «Θα πρέπει να καλλιεργείται η επικοινωνία και ο διάλογος μεταξύ μαθητών, ώστε να αποφεύγονται συγκρούσεις και να λύνονται οι οποιεσδήποτε διαφορές με δημοκρατικό τρόπο. Μόνο έτσι θα μπορέσει να θεωρηθεί πετυχημένο ένα εκπαιδευτικό σύστημα και μόνο έτσι θα μπορέσει μία πολυπολιτισμική κοινωνία να προοδεύσει μέσα από τη γλωσσική παιδεία»: να μετατρέψετε τα ρήματα, όπου είναι εφικτό, στην ενεργητική φωνή χωρίς να αλλάξετε το νόημα του αποσπάσματος.

Κείμενο

Οι νέοι και η γλώσσα των υπολογιστών

Ο όρος "γλώσσα των νέων" δηλώνει το σύνολο των γλωσσικών φαινομένων που χαρακτηρίζουν την επικοινωνία των νέων μεταξύ τους. Δεν πρόκειται για ένα αυτοτελές γλωσσικό σύστημα όσο, κυρίως, για ένα τρόπο ομιλίας που χρησιμοποιείται ως μέρος έκφρασης της ομάδας, της "παρέας", του δικτύου των συνομηλίκων. Περιλαμβάνει εκφράσεις χωρίς αντιστοιχία στην κοινή γλώσσα, αλλά και εκφράσεις που δηλώνουν μια ιδιαίτερη στάση της ομάδας απέναντι σε αντικείμενα, γεγονότα, ή τρόπους συμπεριφοράς. Η δημιουργία του γίνεται με τέσσερις βασικούς τρόπους:

Αλλαγή σημασίας (π.χ. κόκαλο = "μεθυσμένος").
Δανεισμός, κατά κύριο λόγο από τα αγγλικά (π.χ. χάι = "κεφάτος").
Επιλογές προτύπων σχηματισμού λέξεων, π.χ. το επίθημα -άς για κατηγορίες της νεανικής κουλτούρας με αγγλική βάση (γκραφιτάς, σκινάς, μεταλάς, τσοπεράς κ.ά.).

Τροποποίηση λέξεων χωρίς αλλαγή της βασικής τους σημασίας, είτε με επιθήματα (τσιγάρο-->τσιγαριά) είτε με σύντμηση (ματσωμένος-->ματσό) είτε με μετάθεση φθόγγων ή συλλαβών.

Οι έρευνες δείχνουν ότι η "γλώσσα" αναπτύσσεται και χρησιμοποιείται στην εφηβική ηλικία (12-18 ετών) και οι επιρροές της βρίσκονται τόσο στον τρόπο ζωής και έκφρασης της ομάδας ("της παρέας"), όσο και στην επιρροή από νεανικές κουλτούρες (κυρίως από τις μουσικές σκηνές) αγγλοαμερικανικής προέλευσης. Όταν πρόκειται για γραπτή επικοινωνία, κύριο χαρακτηριστικό της γλώσσας είναι οι συντομογραφίες. Αυτό γίνεται για να αποκρύπτεται το μήνυμα από τους εκτός της ομάδας (δηλ. κυρίως τους μεγάλους).

Απολαύστε μερικές φράσεις των νέων:

Άκυρος (η, ο): Έκφραση απόρριψης. Που δεν προσφέρει δυνατότητες δράσης, που περιορίζει.

Άντε γεια: Έκφραση απόρριψης. Επίσης, σημαίνει για κάποιον ότι είναι «στον κόσμο του», δεν έχει επαφή με την πραγματικότητα.

Αργάμισι: Αργά και κάτι παρά πάνω.

Γίνομαι μπίλιες: Διαπληκτίζομαι, τσακώνομαι.

Γίνομαι ρόμπα: Γίνομαι θέαμα, ρεζιλεύομαι.

Δεν υπάρχει: Είναι φοβερό.

Δεν την παλεύω, δεν το 'χω: Δεν αντέχω άλλο.

Ενιγουέι: Όπως και να 'χει (από το αγγλικό Anyway).

Επικό: Τρομερό.

Έφαγα χι, έριξα χι: Απόρριψη, χυλόπιτα, διακοπή διπλωματικών σχέσεων.

Ισχύει: Συναίνεση, επιδοκιμασία.

Κόβω λάσπη (την κάνω): Φεύγω, απομακρύνομαι, αποστασιοποιούμαι.

Κρανιώνομαι (τα παίρνω στο κρανίο, φορτώνω): Εκνευρίζομαι, θυμώνω.

Λεβελιάζω: Από το αγγλικό level (επίπεδο): Ανεβαίνω επίπεδα σε διαδικτυακό παιχνίδι. Σημαίνει και το έχω κολλήσει άσχημα (εθιστεί) και παίζω όλη μέρα.

Λούζομαι, το λούζω: Αράζω χωρίς να κάνω τίποτα.

Νταουνιάσου: Κάτσε κάτω (από το αγγλικό sit down). Παραλλαγή: Είμαι νταουνιασμένος = Έχω πέσει ψυχολογικά.

Ντρίμι: Ονειρεμένος, θεϊκός (από την αγγλική λέξη dream).

Οκέικ: Το οκέι σε χιουμοριστική εκδοχή.

Σάπιος: Κάποιος που δεν είναι εντάξει.

Σκαλώνω: Κολλάω, δυσκολεύομαι (Μάλλον από το αγγλικό scale = κλίμακα, αναρρίχηση).

Σούπερ: Πολύ καλό (-ός, ή).

Τα σπάει: Είναι τέλειο.

Τα χώνω: Επιπλήττω, αποδοκιμάζω.

Τη λέω (σε κάποιον): Κάνω παρατήρηση, επιτίθεμαι φραστικώς.

Τέσπα: Συντομογραφία για το τέλος πάντων.

Το 'χει κάψει, είναι καμένος: Τα εγκεφαλικά του κύτταρα έχουν καταστραφεί (από ουσίες ή από βιντεογκέιμ).

Τπτ: Συντομογραφία για το τίποτα.

Χλωμό: Είναι δύσκολο να γίνει, δε θα τα καταφέρω.

(άρθρο διασκευασμένο, www.computerclub.gr)

Ερωτήσεις

1. Να εξηγήσετε τους λόγους που οι νέοι επιλέγουν να μιλούν και να γράφουν με συντομία. Πιστεύετε πως είναι το φαινόμενο αυτό απειλή για τη γλώσσα και αν ναι γιατί;

2. Να συγκεντρώσετε λέξεις και φράσεις που χρησιμοποιείτε με τον ίδιο τρόπο στη γερμανική γλώσσα και να εξηγήσετε τη σημασία τους.

3. Σε μία παράγραφο 80 περίπου λέξεων προτείνετε λύσεις που θα βελτιώσουν το λεξιλόγιο των νέων.

Επεξήγηση εικόνας

Τα greeklish είναι ένα γλωσσικό φαινόμενο που υπάρχει τα τελευταία χρόνια στην Ελλάδα. Συνηθίζουν δηλαδή να χρησιμοποιούν λατινικά γράμματα για να επικοινωνήσουν στα Ελληνικά. Εξηγήστε τη γελοιογραφία του Αρκά και αναπτύξτε σε δύο παραγράφους τους κινδύνους που προκύπτουν από τη συγκεκριμένη χρήση της ελληνικής γλώσσας.

(πηγή, arkas.official)

Εργασία

1. Προσπαθήστε να κάνετε διάλογο με greeklish και στο τέλος σημειώστε τα βασικά σημεία των συμπερασμάτων σας.

2. Γράψτε μία παράγραφο με greeklish και δώστε την σε μία συμμαθήτρια ή έναν συμμαθητή σας να την γράψει στα ελληνικά. Τις διαπιστώσεις σας να τις διαβάσετε μέσα στην τάξη.

Γραμματική-Ορθογραφία

Κλίση των ρημάτων της Β΄ συζυγίας σε Ενεργητικό και Παθητικό Αόριστο και Παρακείμενο (-άω/ώ, έω/ώ)

Αόριστος	Αόριστος	Παρακείμενος	Αόριστος	Παρακείμενος
αγάπησα	**αγαπήθηκα**	**έχω**	**θεώρησα**	**έχω**
αγάπησες	αγαπήθηκες	**αγαπήσει**	θεώρησες	**θεωρήσει**
αγάπησε	αγαπήθηκε	έχεις	θεώρησε	έχεις
αγαπήσαμε	αγαπηθήκαμε	αγαπήσει	κλπ.	θεωρήσει
αγαπήσατε	αγαπηθήκατε	κλπ.		κλπ.
αγάπησαν/	αγαπήθηκαν/			
αγαπήσανε	αγαπηθήκανε	**έχω**	**θεωρήθηκα**	**έχω**
		αγαπηθεί	θεωρήθηκες	**θεωρηθεί**
		έχεις	κλπ.	έχεις
		αγαπηθεί		θεωρηθεί
		κλπ.		κλπ.

Άσκηση: να κλίνετε σε Αόριστο και Παρακείμενο Ενεργητικής και Μέσης φωνής τα: γελάω, νικάω, παραμελώ, μετρώ.

Θυμάμαι τις κτητικές αντωνυμίες

Οι κτητικές αντωνυμίες είναι οι λέξεις που φανερώνουν ότι κάτι ανήκει σε κάποιον.

δικός μου	δικός σου	δικός	δικός μας	δικός σας	δικός τους
δική μου	δική σου	του\της	δική μας	δική σας	δική τους
δικό μου	δικό σου	δική	δικό μας	δικό σας	δικό τους
		του\της			
		δικό			
		του\της			

Υπάρχουν και εδώ αδύνατοι τύποι, όπως: μου, σου, του, της, μας, σας, τους

Άσκηση

Αντικαταστήστε τις κτητικές αντωνυμίες με τους αδύνατους τύπους και το αντίθετο (π.χ. το δικό μου σπίτι → το σπίτι μου):

α. οι δικές τους εργασίες   →

β. τα δικά μας μαθήματα   →

γ. οι δικές σας υποχρεώσεις   →

δ. το δικό μας γραφείο   →

ε. οι απορίες μας   →

στ. οι συνήθειές τους   →

ζ. η περιουσία μου   →

η. η παράδοσή μας   →

6η Ενότητα

Πολιτισμός και τέχνες

Στην ενότητα αυτήν θα μάθεις ή και θα θυμηθείς:

√ **Για** την έννοια πολιτισμός

√ **Για** τη σημασία του πολιτισμού σε άτομο και κοινωνία

√ **Για** τις διάφορες μορφές τέχνης

√ **Για** την αξία του πολιτισμικού παρελθόντος

√ **Για** την έγκλιση της προστακτικής

√ **Τα** αποθετικά ρήματα και την κλίση τους

Κείμενο

Ο πολιτισμός μας είναι οι αξίες μας

Ο πολιτισμός είναι μία έννοια πολυσύνθετη και πολύπλευρη, η οποία χαρακτηρίζει τα ανθρώπινα **επιτεύγματα** που σχετίζονται με υλικά, πνευματικά ή δημιουργήματα της τέχνης. Ο πολιτισμός ενός λαού συνήθως έχει να κάνει με την πνευματική του παράδοση, που μαρτυρά και την πολιτιστική κληρονομιά του.

Η Ελλάδα είναι μια χώρα που έχει να **επιδείξει** πλούσιο πολιτιστικό παρελθόν, αλλά και παρόν. Από τα αρχαία χρόνια μέχρι σήμερα, ο πολιτισμός έχει ποικίλες μορφές και εκφράζεται μέσα από διάφορα είδη της τέχνης. Η αρχαία ελληνική γραμματεία με σπουδαίους εκπροσώπους της στην ιστοριογραφία και ρητορική (Θουκυδίδης, Ηρόδοτος, Δημοσθένης, κ.ά.), στη φιλοσοφία (Πλάτων, Αριστοτέλης, Επίκουρος, κ.ά.) και την ποίηση (Όμηρος, Αισχύλος, Σοφοκλής, Ευριπίδης, Αριστοφάνης, Σαπφώ, Ανακρέων, κ.ά.) αναδεικνύει τον πλούτο της σκέψης και έκφρασης. Πέρα από αυτό, ο πολιτισμός μας έχει **αποτυπωθεί** και στα έργα τέχνης με διάσημους ζωγράφους, γλύπτες και αρχιτέκτονες, που άφησαν το στίγμα τους και αποτελούν αντικείμενο θαυμασμού.

Στα νεότερα χρόνια άξιοι εκπρόσωποι της ποίησης, της πεζογραφίας, του θεάτρου, της μουσικής και της λαογραφίας, αλλά και ζωγράφοι, γλύπτες, αρχιτέκτονες και γενικότερα άνθρωποι των Γραμμάτων και Τεχνών, μέσα από τα έργα τους συμβάλλουν στη διαμόρφωση του πνεύματος και στη βελτίωση της κοινωνίας. Ο πολιτισμός ενός λαού γενικότερα αποτυπώνεται μέσα από καλλιτεχνήματα και γραπτά κείμενα, που προβάλλουν παγκοσμίως τη σκέψη και δράση του.

Πολιτισμός όμως με την ευρύτερη έννοια του όρου δεν είναι μόνο οι Τέχνες και τα Γράμματα. Πολιτισμός είναι και η **νοοτροπία** ενός λαού, η κοινωνική και πολιτική παιδεία του, οι ανθρωπιστικές ιδέες και αξίες του και γενικότερα οτιδήποτε βοηθά στη βελτίωση μιας κοινωνίας και των μελών της. Για παράδειγμα, η απουσία κοινωνικής **μέριμνας** και η έλλειψη σεβασμού για ανθρώπους με αναπηρίες, η ύπαρξη πολλών αστέγων σε μία χώρα ή η πληθώρα αδέσποτων ζώων, αποτελούν κάποια δείγματα **έλλειψης** πολιτισμού και κοινωνικής παιδείας.

Ο άνθρωπος ως άτομο και ως σύνολο οφείλει όχι μόνο να διαφυλάσσει την πολιτισμική του κληρονομιά σεβόμενος όλα αυτά που του **κληροδότησαν** οι προηγούμενες γενιές, αλλά είναι χρέος του να συνεχίσει το έργο τους και να αγωνίζεται για μία κοινωνία καλύτερη, όπου οι πολίτες της θα απολαμβάνουν τα αγαθά της.

(επιμέλεια κειμένου, Σ. Δημοπούλου)

Ερωτήσεις

1. Να γράψετε την περίληψη του κειμένου σε 60 με 80 λέξεις.
2. Να γράψετε για κάθε μία παράγραφο πλαγιότιτλους.

3. «Για παράδειγμα, η απουσία κοινωνικής μέριμνας και η έλλειψη σεβασμού για ανθρώπους με αναπηρίες, η ύπαρξη πολλών αστέγων σε μία χώρα ή η πληθώρα αδέσποτων ζώων, αποτελούν κάποια δείγματα έλλειψης πολιτισμού και κοινωνικής παιδείας». Να εκφράσετε τη γνώμη σας στην παραπάνω άποψη σε μία παράγραφο.

4. Με τη βοήθεια του λεξικού να βρείτε τη σημασία των λέξεων με έντονα γράμματα και στη συνέχεια να γράψετε προτάσεις, στις οποίες θα υποδηλώνεται η σημασία τους.

5. Να κάνετε την αντιστοίχιση:

αρχιτεκτονική	σχέδιο πάνω σε αγγείο
γλυπτική	πίνακας με διάφορα θέματα
αγγειογραφία	ζωγραφική σε επιφάνειες
ποίηση	ανάμνηση ενός προσώπου\τοπίου
πεζογραφία	σχεδιασμός κτιρίου
ζωγραφική	σκέψεις σε στίχους
φωτογραφία	μυθιστόρημα
γκράφιτι	έργα από μάρμαρο

Κείμενο

Γκράφιτι και τέχνη

Πολύς λόγος έχει γίνει για τα ποικίλα συνθήματα που βλέπουμε καθημερινά να λερώνουν τους τοίχους. Είναι ένα φαινόμενο με αρχαία καταγωγή, που παρατηρείται έντονα και στις μέρες μας στους δρόμους κυρίως των μεγαλουπόλεων, στις Πανεπιστημιακές σχολές αλλά και σε άλλα δημόσια κτίρια, ακόμη και σε αρχαία μνημεία του Ελληνικού χώρου.

Επειδή πολλά άρθρα έχουν δημοσιευτεί για τα αναγραφόμενα στους τοίχους και τη σημασία τους, ας αναφερθούμε σε κάτι άλλο σχετικό, στα Graffiti των σχολικών θρανίων. Είναι γεγονός πως στα παιδιά αρέσει να γράφουν στους τοίχους των σχολείων τους, αλλά περισσότερο στα θρανία τους, που είναι οι καθημερινοί τους σύντροφοι. Τι γράφουν όμως; Παρατηρώντας τα θρανία στις σχολικές αίθουσες μπορούμε να προβληματιστούμε, να χαμογελάσουμε απλώς, ακόμη και να εκπλαγούμε. Τα περισσότερα Graffiti έχουν κύριο θέμα τους τον έρωτα, την αγάπη, τη φιλία και τη λατρεία για κάποια ποδοσφαιρική ομάδα ή κάποιο γνωστό ποδοσφαιριστή ή δημοφιλή τραγουδιστή. Ένα μεγάλο μέρος της επιφάνειας των θρανίων καλύπτουν στίχοι, προερχόμενοι από γνωστά τραγούδια της εποχής ή αποτελούν προσωπικά δημιουργήματα των μαθητών. Αγάπη, έρωτας, μίσος, πάθος, εκδίκηση, απιστία, προδοσία ή απλώς αδιαφορία είναι τα κυρίαρχα συναισθήματα. Πίσω από τα περισσότερα μπορούμε να διακρίνουμε το κοριτσίστικο χέρι. Πολλοί στίχοι διαπνέονται από αυθορμητισμό, ονειροπόληση και αισιοδοξία για αγάπη, ειρήνη, ευτυχία παντοτινή.

Μια άλλη μεγάλη κατηγορία στα Graffiti εκφράζουν το θαυμασμό για κάποια δημοφιλή ομάδα ποδοσφαίρου ή μπάσκετ και τη λατρεία για γνωστούς ποδοσφαιριστές ή μπασκετμπολίστες Έλληνες ή ξένους […]. Πολλοί μαθητές εκφράζουν την αγάπη για κάποιον γνωστό τραγουδιστή ή τραγουδίστρια, ελληνικής ή ξένης εθνικότητας, αλλά ακόμη και για νεανικά συγκροτήματα. Πολλοί γνωστοί στίχοι τους αναγράφονται στα θρανία. Άλλοι μαθητές προτιμούν να γράφουν μόνο το όνομά τους με μικρά ή τεράστια γράμματα, δηλώνουν την ταυτότητά τους, τις επιθυμίες τους, τις καλλιτεχνικές ή άλλες προτιμήσεις κι ενδιαφέροντά τους, τα χόμπι τους, τη συμπάθεια ή την αντιπάθειά τους για κάποιον, τις πολιτικές τους ιδέες, ακόμη και την οικογενειακή τους κατάσταση.

Άλλοι πάλι προτιμούν να χωρίζουν κάθετα το θρανίο τους, οριοθετώντας έτσι τη δική τους ιδιοκτησία από του συμμαθητή τους, ενώ κάποιοι σχολιάζουν κάποιον συμμαθητή ή καθηγητή τους, ή γράφουν από το βιβλίο τους τα δύσκολα σημεία του μαθήματος, για να τα διαβάσουν στην προφορική εξέταση ή να τα αντιγράψουν σε κάποιο διαγώνισμα ή απλώς μιλάνε μεταξύ τους. Επίσης, αναφέρονται σε συγκεκριμένα πρόσωπα μαθητών εκφράζοντας την αμοιβαία φιλία και αγάπη για πάντα. Τέλος, υπάρχουν και εικαστικά: πολλοί προτιμούν να ζωγραφίζουν καρδιές, πρόσωπα, ζώα, πουλιά, λουλούδια, γεωμετρικά σχέδια, τοπία, ακόμη και σκίτσα με αντίστοιχα σχόλια για κάποιον συμμαθητή τους […].

Σίγουρα τα Graffiti αποτελούν έναν τρόπο έκφρασης και επικοινωνίας, ακόμη και εκτόνωσης των μαθητών που πολύ συχνά κουρασμένοι από τα μαθήματα, αντί να παρακολουθούν, προτιμούν να γράφουν τα θρανία τους. Μ' αυτό τον τρόπο τα παιδιά εκφράζουν τα συναισθήματά τους, τον ψυχικό τους κόσμο, τη διάθεση της στιγμής, τις επιθυμίες, τα όνειρα και τις ελπίδες τους. Καταθέτουν τις σκέψεις τους, τη φιλοσοφία τους για τη ζωή και τον κόσμο, τη γνώμη τους για το σχολείο και φανερώνουν τα κοινωνικά τους πρότυπα, τα οποία συχνά μπορεί να είναι αρνητικά, αφού τα παιδιά είναι φυσικό να επηρεάζονται από τις αξίες και τα ινδάλματα της καταναλωτικής και ατομιστικής κοινωνίας των μεγάλων. Βέβαια, πολλά παιδιά διαμαρτύρονται για την υπάρχουσα κατάσταση ζητώντας έναν όμορφο κόσμο ειρήνης, αγάπης και φιλίας και τέλος είναι και αυτά που διακατέχονται απλώς από την αρχέγονη επιθυμία του ανθρώπου να διαιωνίσει το όνομά του γράφοντάς το κάπου, αλλά κι από ένα αίσθημα πρόσκαιρης ιδιοκτησίας.

Όπως κι αν έχουν τα πράγματα, το γεγονός είναι ότι όσο υπάρχουν τα θρανία τα παιδιά θα εξακολουθούν να γράφουν, δίνοντας το στίγμα της εποχής τους αλλά και της ψυχής τους.

(Άρθρο ελαφρώς διασκευασμένο της Σοφίας Σαρρή, δημοσιογράφου. Πηγή, www.politropi.greek-language.gr)

Ερωτήσεις

1. Παρατηρήστε προσεκτικά τα παρακάτω γκράφιτι και εκφράστε την άποψή σας για το σκοπό που δημιουργήθηκαν. Πιστεύετε πως είναι μια μορφή τέχνης ή στοχεύουν σε κάτι άλλο; Πότε και σε ποιες περιπτώσεις τα γκράφιτι ξεπερνούν τα όρια;

(πηγή εικόνων, www.pixabay.com)

2. Συζητήστε στην τάξη για την άλλη μορφή γκράφιτι, αυτή των σχολείων, όπου μαθήτριες και μαθητές συνηθίζουν να γράφουν σε τοίχους και θρανία. Ποια είναι η εμπειρία σας από το δικό σας σχολείο και ποια η γνώμη σας σχετικά με αυτό; Τι συνηθίζουν να γράφουν;

3. «Όπως κι αν έχουν τα πράγματα, το γεγονός είναι ότι όσο υπάρχουν τα θρανία τα παιδιά θα εξακολουθούν να γράφουν, δίνοντας το στίγμα της εποχής τους αλλά και της ψυχής τους». Εξηγήστε σε μία παράγραφο τι εννοεί η συντάκτης του άρθρου με την παραπάνω άποψη.

Επεξεργασία εικόνων

(πηγή εικόνων, www.namuseum.gr)

1. Στις παραπάνω εικόνες απεικονίζονται κάποια έργα γλυπτικής και αγγειογραφίας από την κλασική περίοδο της ελληνικής αρχαιότητας. Προσπαθήστε να τα περιγράψετε και να φανταστείτε τι παρουσιάζουν. Ανταλλάξτε τις απόψεις σας μέσα στην τάξη.

2. Με τη βοήθεια του διαδικτύου να βρείτε διάφορα γνωστά έργα τέχνης από οποιονδήποτε χώρο (ζωγραφική, γλυπτική, λαογραφία, αρχιτεκτονική) και να τα παρουσιάσετε στην τάξη. Για ποιον λόγο πιστεύετε ότι προκαλούν το ενδιαφέρον πολλών; Πρόκειται όντως για ωραία έργα τέχνης;

Παραγωγή λόγου

1. Το σχολείο σας διοργανώνει μία εκδήλωση σχετική με την τέχνη και τον πολιτισμό. Καλείστε να πάρετε μέρος στην εκδήλωση αυτή, εκπροσωπώντας τη χώρα καταγωγής σας. Γράψτε ένα κείμενο 180-200 λέξεων, στο οποίο θα αναφέρεστε τι ακριβώς θα παρουσιάσετε και με ποιο τρόπο. Ποια μέσα θα χρησιμοποιήσετε, ώστε να προσελκύσετε το ενδιαφέρον;

2. Με τη βοήθεια του διαδικτύου να βρείτε στοιχεία σχετικά με αρχαίους πολιτισμούς που άσκησαν σημαντική επίδραση στην ανθρωπότητα (π.χ. Αιγύπτιοι, Αζτέκοι) και να συντάξετε ένα κείμενο στο οποίο θα αναφέρεστε στον συγκεκριμένο πολιτισμό και τα χαρακτηριστικά του.

Σύνταξη-Γραμματική
Η Προστακτική

Η Προστακτική, μαζί με την Οριστική και Υποτακτική, ανήκει στις λεγόμενες εγκλίσεις του ρήματος. Σχηματίζεται μόνο στον Ενεστώτα και Αόριστο και απαντάται στο β΄ ενικό και β΄ πληθυντικό.

Παραδείγματα

Ενεστώτας	Αόριστος
γράφ-ε	γράψ-ε
γράφετ-ε	γράψ-τε

Προστακτική με προθέσεις και σύνθετα ρήματα

Ο σχηματισμός της προστακτικής με σύνθετα ρήματα διαφέρει σε σχέση με ένα αντίστοιχο απλό ρήμα. Έτσι, για παράδειγμα το ρήμα **αντιγράφω** σχηματίζεται στην προστακτική Ενεστώτα και Αορίστου ως εξής:

Ενεστώτας   Αόριστος

αντί**γραφ**-ε   αντί**γραψ**-ε

αντιγράφετ-ε   αντιγράψ-τε

Παρατηρούμε επομένως πως η αρχική πρόθεση -**αντί** δεν αλλάζει. Έτσι, ο τύπος της προστακτικής στη φράση «**αντέγραψε** σε παρακαλώ» είναι λανθασμένος!

Άσκηση

Να γράψετε το σωστό τύπο της Προστακτικής στα παρακάτω:

α. Παύλο …………… (πηγαίνω) σε παρακαλώ έξω!

β. ……………… (έρχομαι) μέσα αν θέλετε.

γ. ……………...(υπογράφω) Ελένη αυτό το έγγραφο αν μπορείς.

δ. ……………… (ανεβαίνω) γρήγορα από τις σκάλες!

ε. ……………… (σηκώνομαι) γρήγορα και …………….. (πλένομαι), για να φύγουμε.

στ. ……………… (φεύγω) αμέσως από το γραφείο μου!

ζ. ……………… (παρουσιάζω) τις προτάσεις σας για το πρότζεκτ.

Τα αποθετικά ρήματα

Αποθετικά ονομάζονται τα ρήματα που σχηματίζουν **μόνο** τη μέση φωνή, όπως για παράδειγμα κοιμάμαι, φοβάμαι, έρχομαι, σκέφτομαι, θυμάμαι, κλπ.

<u>Κλίση</u>

Ενεστώτας	Παρατατικός	Αόριστος
φοβάμαι	φοβόμουν	φοβήθηκα
φοβάσαι	φοβόσουν	φοβήθηκες
φοβάται	φοβόταν	φοβήθηκε
φοβόμαστε	φοβόμασταν	φοβηθήκαμε
φοβάστε\φοβόσαστε	φοβόσασταν	φοβηθήκατε
φοβούνται	φοβόντουσαν	φοβήθηκαν

Άσκηση

Να συμπληρώσετε τα ρήματα στο σωστό τύπο:

α. Πολύ χάρηκα που με .... (θυμάμαι) μετά από τόσα χρόνια.

β. Πάντα .... (ονειρεύομαι) να γίνω χορεύτρια!

γ. Με ....(επισκέπτομαι) συχνά στο εξοχικό μου η Μαρίνα.

δ. Πολλές φορές τον .... (υποψιάζομαι) για απάτη.

ε. Πρέπει να .... (σέβομαι) τους μεγαλύτερους.

στ. Όσες φορές με .... (χρειάζομαι) ήμουν εκεί για σένα.

ζ. Δε μου αρέσει καθόλου να με .... (ειρωνεύομαι).

η. Στη σχέση μας .... (υποκρίνομαι) πως με αγαπούσε.

θ. .... (προαισθάνομαι) συνεχώς ότι θα συνέβαινε το κακό.

7η Ενότητα

Αγαπώ το διαφορετικό

Στην ενότητα αυτήν θα μάθεις ή και θα θυμηθείς:

√ **Την** έννοια της διαφορετικότητας

√ **Το** ότι όλη η ανθρωπότητα είναι μία κοινωνία

√ **Την** αξία του αλληλοσεβασμού

√ **Ότι** η διαφορετικότητα αφορά όλους

√ **Την** αξία της διαφορετικότητας

√ **Τον** ευθύ και πλάγιο λόγο

√ **Τις** αυτοπαθείς αντωνυμίες

Κείμενο

Διαφορετικότητα και εφηβική ηλικία

Η διαφορετικότητα αποτελεί έναν όρο που χρησιμοποιείται ιδιαίτερα στις μέρες μας. Έναν όρο γνωστό σε όλους μας, που χρησιμοποιείται σε διαφημίσεις, καμπάνιες ισότητας, ανθρωπίνων δικαιωμάτων. Είναι όμως ο όρος αυτός πραγματικά ένας όρος που τον αποδεχόμαστε, ένας όρος με τον οποίο μπορούμε να ζήσουμε μαζί του; Οι κοινωνίες οι σημερινές σφύζουν από διαφορετικότητα και εμείς καλούμαστε να ζήσουμε αποτελεσματικά και ουσιαστικά μέσα σε αυτές. Ο βαθμός αποδοχής της όμως σε μια τέτοια κοινωνία αναμφίβολα δεν είναι ο ίδιος.

Το διαφορετικό υπάρχει γύρω μας σε πολλές μορφές. Η διαφορετικότητα ξεκινά από τη διαφορά που έχουμε μεταξύ μας στην εξωτερική εμφάνιση. Είμαστε διαφορετικοί, γιατί μπορεί να είμαστε πιο ψηλοί, πιο κοντοί, πιο αδύνατοι, πιο χοντροί. Είμαστε διαφορετικοί, γιατί μπορεί να έχουμε διαφορετικό χρώμα και στυλ στα μαλλιά μας, μπορεί να έχουμε πολλά τατουάζ, μπορεί να έχουμε πολλά σκουλαρίκια στο σώμα μας. Μπορεί να είμαστε διαφορετικοί, γιατί ντυνόμαστε διαφορετικά, ντυνόμαστε αλλιώς.

Κάποιοι από εμάς μαθαίνουν διαφορετικά, με διαφορετικούς ρυθμούς, διαφορετικές τεχνικές, κάποιοι είναι πολύ καλοί μαθητές, κάποιοι άλλοι δεν είναι τόσο καλοί και μπορεί να είναι και αδιάφοροι απέναντι στη μάθηση.

Υπάρχει και η ομάδα των ατόμων που μπορεί να έχει μαθησιακές δυσκολίες. Όλοι αυτοί είναι διαφορετικοί.

Η ποικιλομορφία της διαφορετικότητας δεν τελειώνει εδώ, αλλά συνεχίζεται. Υπάρχουν τα παιδιά που μπορεί να προέρχονται από κάποια μειονότητα ή να είναι παιδιά μεταναστών. Τα παιδιά που μπορεί να προέρχονται από χαμηλά, μέτρια ή ψηλά κοινωνικοοικονομικά στρώματα. Τα παιδιά που μεγαλώνουν και με τους δυο γονείς τους, τα παιδιά που μεγαλώνουν με τον έναν γονιό ή τα παιδιά που προέρχονται από μονογονεϊκές οικογένειες. Παιδιά από διαφορετικά θρησκεύματα και παιδιά με διαφορετικό χρώμα δέρματος.

Όλα αυτά όμως είναι παιδιά και όλα τα παιδιά αυτά καλούνται σήμερα να συνυπάρξουν σε μια κοινωνία και σε ένα εκπαιδευτικό σύστημα. Και δεν καλούνται απλώς να συνυπάρξουν, αλλά να δημιουργήσουν και να είναι παραγωγικά μέλη της κοινωνίας αυτής. Είναι άραγε η κοινωνία έτοιμη να δεχτεί αυτά τα παιδιά, να τα αγκαλιάσει, για να τα κάνει να νιώσουν την ασφάλεια να ζήσουν και να δημιουργήσουν;

Το εκπαιδευτικό σύστημα καλείται σήμερα να ανταποκριθεί στη διαφορετικότητα αυτή. Το ερώτημα που προκύπτει είναι αν πραγματικά είναι σε θέση το παρόν σύστημα να μπορέσει να αφομοιώσει τη διαφορετικότητα αυτή. Για το λόγο αυτό πρέπει να δούμε πώς από τη μια οι εκπαιδευτικοί και πώς από την άλλη οι γονείς καλούνται σήμερα να αντιμετωπίσουν και να διαχειριστούν αποτελεσματικά την διαφορετικότητα αυτή. Η αντιρατσιστική εκπαίδευση στοχεύει όχι μόνο στην αποδοχή της διαφορετικότητας, αλλά και στην εξάλειψη των διακρίσεων.

Γενικά, οι εκπαιδευτικοί πρέπει:

Να αντιμετωπίζουν όλα τα παιδιά ως ίσα, ανεξάρτητα από το χρώμα, τη θρησκεία, την κοινωνικοοικονομική τους κατάσταση, τη μαθησιακή τους ικανότητα.

Να προσπαθούν να διαχειριστούν αποτελεσματικά τις δικές τους αντιλήψεις και τις δικές τους δυσκολίες στην αποδοχή του διαφορετικού.

Να προσπαθούν να μη δίνουν αρνητικά μηνύματα στην τάξη για συγκεκριμένους μαθητές, εκφράζοντας δημόσια σχόλια σχετικά με τις ικανότητες ή τις συμπεριφορές τους.

Να βοηθούν τους μαθητές να εκφράσουν την προσωπική τους γνώμη, χωρίς το φόβο της απόρριψης.

Να ενισχύουν τα παιδιά να μιλούν για τα συναισθήματά τους στην τάξη και να δημιουργούν το κλίμα, ώστε να αρχίσουν να δένονται συναισθηματικά.

Οι γονείς από την άλλη πρέπει:

Να αγαπήσουν το παιδί τους, όπως αυτό είναι.

Να δίνουν σε αυτό το χώρο και χρόνο να παρουσιάσει τις ικανότητές του.

Να μη θυμώνουν μαζί του.

Να ωθούν το παιδί τους να κοινωνικοποιηθεί με όλα τα παιδιά, να μην του βάζουν φραγμούς στην επιλογή των φίλων του ανάλογα με το χρώμα, την κοινωνικοοικονομική κατάσταση της οικογένειάς του, της θρησκείας του ή το φύλο του.

Η αποδοχή της διαφορετικότητας δεν είναι ένα απλό εγχείρημα, το οποίο μπορεί να εφαρμοστεί εύκολα τόσο στο χώρο του σχολείου όσο και στο χώρο της οικογένειας. Οι εποχές δε συστήνουν την επαφή των παιδιών με τη διαφορετικότητα, αλλά την ένταξη των παιδιών στη διαφορετικότητα, μια και η διαφορετικότητα αποτελεί πλέον ένα βίωμα. Ο στόχος μας σήμερα δεν είναι να αυξήσουμε τις γνώσεις ή απλώς να ευαισθητοποιήσουμε τους μαθητές για τα ζητήματα της διαφορετικότητας. Ο στόχος μας είναι να αλλάξουμε τη συμπεριφορά των μαθητών, των γονέων και της κοινωνίας απέναντι στο ζήτημα αυτό.

(άρθρο διασκευασμένο της Α. Χατζηγιαννακού, Ειδικής Παιδαγωγού. Αντλήθηκε από www.paidiatros.com)

Ερωτήσεις

1. Τι σημαίνει με βάση τη συντάκτη του άρθρου ο όρος διαφορετικότητα;

2. Πώς καταλαβαίνετε εσείς τον όρο και τη σημασία του;

3. Πιστεύετε πως η μη αποδοχή της διαφορετικότητας συνδέεται με το ρατσισμό; Αιτιολογήστε σε μία παράγραφο.

4. αποδεχόμαστε, συνυπάρχουν, επιλογή, ποικιλομορφία: να βρείτε τα συνθετικά των λέξεων και να γράψετε από μία νέα λέξη με το α΄ ή β΄ συνθετικό τους.

Επεξεργασία εικόνων

(πηγή εικόνων, www.pixabay.com)

1. Παρατηρήστε προσεκτικά τις παραπάνω εικόνες και αφού τις περιγράψετε σύντομα, να εξηγήσετε πώς είναι δυνατό να συνυπάρχουν αρμονικά διαφορετικοί πολιτισμοί και λαοί σε μία κοινωνία, παρόλη τη διαφορετική θρησκεία, εθνικότητα και νοοτροπία.

2. Σε ένα κείμενο 150 περίπου λέξεων να αναφερθείτε στο σχολικό σας περιβάλλον και τις εμπειρίες σας σε σχέση με τη διαφορετικότητα ανάμεσα στις συμμαθήτριες και τους συμμαθητές σας. Θεωρείτε πως υπάρχει πρόβλημα αποδοχής του διαφορετικού και αν ναι για ποιο λόγο;

Κείμενο

Όλοι είμαστε άνθρωποι

Ο Αναστάσης είναι μαθητής της 8ης τάξης και πρόσφατα έζησε μία άσχημη εμπειρία στο σχολείο του με έναν νέο μαθητή που ήρθε στην τάξη του και την αντιμετώπιση που δέχτηκε από κάποια παιδιά. Στέλνει ένα mail σε έναν φίλο του και του αφηγείται το περιστατικό.

Αγαπημένε μου φίλε Νικόλα,
ελπίζω να είσαι καλά. Πώς πάει το σχολείο και τα μαθήματα; Εγώ έχω πολύ διάβασμα και ελάχιστο ελεύθερο χρόνο για οτιδήποτε άλλο. Το σχολείο είναι πολύ απαιτητικό και γράφουμε πολλά διαγωνίσματα. Ο λόγος που σου γράφω είναι γιατί θέλω να μου πεις τη γνώμη σου για ένα περιστατικό που συνέβη την περασμένη εβδομάδα στην τάξη μου και με προβλημάτισε.

Στο σχολείο μας κάθε χρόνο έρχονται καινούρια παιδιά στην τάξη από οικογένειες μεταναστών διαφορετικής καταγωγής και εθνικότητας. Τα παιδιά αυτά δεν μιλάνε καλά τη γλώσσα και προσπαθούν να ενταχθούν στη σχολική πραγματικότητα, κάτι που θεωρώ εξαιρετικά δύσκολο, ειδικά όταν βρίσκεται κάποιος σε μια ξένη χώρα.

Στο τμήμα μου ήρθε φέτος ένας μαθητής από τη Ρουμανία, ο Ζλάταν, ο οποίος γνωρίζει ελάχιστα γερμανικά και καταβάλλει μεγάλη προσπάθεια να προσαρμοστεί στο νέο περιβάλλον. Είναι έξυπνος και ευγενικός, με έφεση κυρίως στα μαθηματικά και γενικότερα στις φυσικές επιστήμες, οι οποίες δεν απαιτούν και καλή χρήση της γλώσσας.

Στα γλωσσικά μαθήματα αντιμετωπίζει μεγάλες δυσκολίες, όπως είναι φυσικό, και δε συμμετέχει καθόλου στο μάθημα. Κάθεται μόνος του στα πίσω θρανία και είναι κλειστός χαρακτήρας. Τις προάλλες λοιπόν τον ρώτησε κάτι η δασκάλα και απάντησε με σπαστά γερμανικά, γεγονός που προκάλεσε τα γέλια σε σχεδόν όλη την τάξη. Άρχισαν να τον κοροϊδεύουν κάποιοι στο διάλειμμα και να γελάνε μαζί του πίσω από την πλάτη του. Δε μου άρεσε καθόλου η συμπεριφορά τους και το είπα στη δασκάλα.

Την επομένη η δασκάλα το συζήτησε μαζί μας και αποδοκίμασε τη στάση αυτών των παιδιών τονίζοντας ότι αντί να κοροϊδεύουμε, καλό είναι να αποδεχθούμε το συμμαθητή μας και να τον κάνουμε να νιώσει άνετα μαζί μας, γιατί κανένας μας δε θα ήθελε να βρεθεί στη θέση του. Όλοι είμαστε άνθρωποι και έχουμε την ίδια αξία. Έτσι λοιπόν θα κάνουμε όλοι μαζί μία εργασία σε ομάδες, στην οποία θα παρουσιάσουμε την αξία του να αποδεχόμαστε όλους όπως είναι και να μην κάνουμε διακρίσεις σε τίποτα. Και μάντεψε! Είμαι στην ίδια ομάδα με τον Ζλάταν! Χαίρομαι πραγματικά που θα μπορέσω να τον βοηθήσω και…. πού ξέρεις; Ίσως να αποκτήσω και νέο φίλο.

Θα χαρώ να μου γράψεις τη γνώμη σου για όλα αυτά και αν έχεις και εσύ αντιμετωπίσει παρόμοια περιστατικά στο σχολείο σου ή έξω από αυτό. Θα τα ξαναπούμε σύντομα.

Χαιρετισμούς,

Αναστάσης

(επιμέλεια κειμένου, Σ. Δημοπούλου)

Εργασία

Εργαστείτε σε ομάδες και παρουσιάστε στην τάξη έναν διάλογο σε σχέση με τη διαφορετικότητα. Φανταστείτε πως είστε μάρτυρες ανάλογου περιστατικού είτε στο σχολείο είτε έξω από αυτό.

Συμπληρωματικό κείμενο

Ο δρόμος για τον Παράδεισο είναι μακρύς

Η Βερόνικα είναι από την Αλβανία και μένει σε μια επαρχιακή πόλη· η Ελένη κατοικεί στην Αθήνα και προέρχεται από αστική οικογένεια της πρωτεύουσας. Η καθεμιά εκμυστηρεύεται στην άλλη τα προβλήματα και τις ανησυχίες της. Η Βερόνικα και η οικογένειά της, λόγω της αλβανικής καταγωγής τους, βιώνουν την καχυποψία και την απόρριψη της τοπικής κοινωνίας. Η Ελένη φαίνεται να μην αντιμετωπίζει τέτοια προβλήματα, αλλά στην πραγματικότητα βρίσκεται σε παρόμοια κατάσταση, καθώς είναι άτομο με κινητικές δυσκολίες λόγω αυτοκινητικού ατυχήματος. Το πρόβλημά της όμως αυτό το αποκρύπτει από τη Βερόνικα.

1 Δεκεμβρίου

Αγαπημένη μου φίλη Ελένη,

Έλαβα το γράμμα σου και χάρηκα πολύ, γιατί φοβόμουνα πως με την αλλαγή της διεύθυνσης μπορούσε και να χαθεί. Ευτυχώς ο ταχυδρόμος είναι ο ίδιος, το διαμέρισμα που νοικιάσαμε είναι στην ίδια γειτονιά με το παλιό μας σπίτι, κι έτσι απ' την πλευρά αυτή δεν υπάρχει πρόβλημα. Το πρόβλημα είναι οι νέοι μας γείτονες. Θέλω να πω, οι ένοικοι των άλλων διαμερισμάτων, οι οποίοι όταν έμαθαν από το διαχειριστή της πολυκατοικίας πως είμαστε από την Αλβανία άρχισαν να μαζεύουν υπογραφές για να μας διώξουν. Δε θέλουν, λέει, να ζουν κάτω από την ίδια στέγη με ανθρώπους για τους οποίους δεν ξέρουν από πού κρατάει η σκούφια τους και τι καπνό φουμάρουν. Προ ημερών η μαμά συνάντησε στο ασανσέρ την κυρία που μένει ακριβώς από κάτω από το δικό μας διαμέρισμα. Την καλημέρισε και, όταν της είπε ποια είναι, η κυρία αυτή άρχισε να βρίζει τη μαμά και να την κατηγορεί πως τάχα κάνουμε θόρυβο και την ενοχλούμε. «Τι ζητάτε στην Ελλάδα;», της είπε. «Εδώ ζούνε τίμιοι άνθρωποι. Δε θέλουμε μαχαιροβγάλτες μέσα στο σπίτι μας. Να ξεκουμπιστείτε και να φύγετε». Η μαμά δε μίλησε καθόλου. Τι να της έλεγε; Χθες είχαμε καινούριο επεισόδιο. Ένας άλλος ένοικος συνάντησε στο διάδρομο τον αδερφό μου και τον αποκάλεσε βρομοαλβανό. Ο Σπύρος ήρθε στο σπίτι σε κακά χάλια. Τα έβαλε με τη μαμά. «Δεν είναι ανάγκη να λες σ' όλο τον κόσμο πως είμαστε από την Αλβανία», της είπε.

Όταν γύρισε ο μπαμπάς από τη δουλειά του, πήγε και βρήκε τον ιδιοκτήτη του διαμερίσματος. «Τι θα γίνει μ' αυτή την κατάσταση;», τον ρώτησε. «Ε, τι να κάνουμε; Υπάρχουν και ρατσιστές», του απάντησε εκείνος και τον διαβεβαίωσε πως με τον καιρό θα τους περάσει. Αυτούς μπορεί να τους περάσει. Εμάς όμως η ζωή μας έχει γίνει κόλαση. Γιατί δεν καταλαβαίνουν πόσο πολύ μας πληγώνουν; Εμείς δε βλάψαμε κανέναν. Τι διαφορά έχει αν είσαι Αλβανός, Έλληνας, Τούρκος ή Νιγηριανός; Όλοι πλάσματα του Θεού είμαστε. Γιατί μερικοί άνθρωποι γίνονται τόσο κακοί; Γιατί δεν μπορούν να ανεχτούν το διαφορετικό; Φοβάμαι, Ελένη, πως δεν μπορείς να με νιώσεις. Δε φταις εσύ. Εσύ είσαι τυχερή. Ποτέ δε θα αντιμετωπίσεις μια παρόμοια κατάσταση. δε θα δεις ποτέ το φόβο στα μάτια του γείτονά σου. Εσύ τα έχεις όλα: οικονομική άνεση, ομορφιά, έρωτα... Η ζωή είναι δική σου. Ενώ εγώ...δεν μπορώ να συνεχίσω το γράμμα μου. Ένας κόμπος έχει σταθεί στο λαιμό μου και με πνίγει.

Βερόνικα

6 Δεκεμβρίου

Αγαπημένη μου Βερόνικα,

πολύ στενοχωρήθηκα με όσα δυσάρεστα σου συμβαίνουν τώρα τελευταία. Έχεις δίκιο. Η ζωή καμιά φορά είναι πολύ σκληρή μαζί μας. Όμως να θυμάσαι πως ο δρόμος για τον παράδεισο είναι μακρύς. Αυτό μου το έλεγε ο μπαμπάς μου όταν ήμουνα μικρή. Τότε δεν καταλάβαινα τι ακριβώς ήθελε να πει. Τώρα ξέρω. Οι άνθρωποι που μένουν στην πολυκατοικία σας είναι... Τι να πω; Πώς να τους χαρακτηρίσω; Συμμερίζομαι απολύτως την αγανάκτησή σου.

Ιδιαίτερα συμφωνώ με αυτό που γράφεις: πως ο περισσότερος κόσμος δεν μπορεί να ανεχτεί το διαφορετικό. Αδιαφορεί για τον ανάπηρο, σιχαίνεται το μελαψό, νιώθει μίσος για όποιον δεν ντύνεται, δε χτενίζεται ή δε σκέφτεται όπως αυτός. Το χειρότερο όμως δεν είναι να διαβάζεις το φόβο στα μάτια του άλλου. Εκείνο που εμένα με πληγώνει είναι ο οίκτος και η υποκρισία. Σιχαίνομαι τους δήθεν διακριτικούς. Αυτούς που καμώνονται πως δεν αντιλαμβάνονται το πρόβλημά σου. Αυτούς που σε βρίσκουν ανήμπορο και σε προσπερνούν ή βιάζονται να στρέψουν αλλού το βλέμμα. Αυτοί είναι οι χειρότεροι. Είμαι βέβαιη πως πολύ γρήγορα οι γείτονές σας θα αντιληφθούν το λάθος τους. Θα δεις. Όταν διαπιστώσουν πως είστε μια φιλήσυχη οικογένεια, οι φόβοι τους θα παραμεριστούν. Θα καταλάβουν πως ο κάθε ξένος δεν είναι και κακοποιός. Δε σου γράφω περισσότερα, γιατί αύριο είναι η μεγάλη μέρα. Θα δώσουμε τον τρίτο αγώνα στο μπάσκετ. Πρέπει να κοιμηθώ νωρίς για να είμαι σε φόρμα.

Χίλια γλυκά φιλάκια, Ελένη

(Μαρούλα Κλιάφα, Ο δρόμος για τον Παράδεισο είναι μακρύς, Κέδρος)

Ερωτήσεις

1. Ποιο πρόβλημα θίγεται στο παραπάνω κείμενο;

2. Με βάση το εισαγωγικό σημείωμα, η Ελένη αποκρύπτει από τη Βερόνικα ότι είναι άτομο με κινητικά προβλήματα. Σε ποιες σκέψεις σας βάζει αυτό και για ποιο λόγο πιστεύετε πως συμβαίνει;

3. Να γράψετε σε μορφή διαλόγου τα γράμματα των δύο κοριτσιών.

Επεξήγηση εικόνας

(πηγή εικόνας, www.practices.anemosananeosis.gr)

Δώστε έναν τίτλο στην εικόνα και εξηγήστε τα μηνύματα που μεταφέρει σχετικά με τη διαφορετικότητα και τις επαγγελματικές ευκαιρίες.

Σύνταξη-Γραμματική
Ευθύς και πλάγιος λόγος

Ευθύς είναι ο λόγος με τον οποίο λέμε κάτι με άμεσο τρόπο (π.χ. Σήμερα θα έχει καλό καιρό), ενώ πλάγιος είναι ο λόγος όταν μεταφέρουμε τα λόγια κάποιου σε κάποιον άλλο (π.χ. Είπε ότι σήμερα θα έχει καλό καιρό). Στη μετατροπή του ευθύ σε πλάγιο λόγο μετατρέπεται φυσικά το ρήμα, αλλά και οι αντωνυμίες, όπως το εγώ που γίνεται αυτή\αυτός, κλπ.

Άσκηση

Να μετατρέψετε τον ευθύ σε πλάγιο λόγο και αντίστροφα:

α. Πήγαινε να φέρεις το αυτοκίνητο.

β. Με παρακάλεσε να βιαστώ, γιατί είχαμε αργήσει.

γ. Μήπως προτιμάτε να παραγγείλετε τώρα;

δ. Αύριο έχουμε μία πολύ σημαντική συνάντηση.

ε. Να τρέξεις να μου φέρεις γρήγορα τα χρήματα!

στ. Τη συμβούλεψε να παραιτηθεί από τη δουλειά της, γιατί ήταν δυστυχισμένη.

ζ. Θέλεις να πάμε αύριο στο πάρτι του σχολείου;

Αυτοπαθείς αντωνυμίες

Οι αντωνυμίες αυτές δείχνουν ότι το ίδιο το πρόσωπο ενεργεί και δέχεται την ενέργεια. Έτσι, χρησιμοποιούμε τα εξής: ο εαυτός μου\σου\του\της, ο εαυτός μας\σας\τους σε όλες τις πτώσεις.

Άσκηση: να συμπληρώσετε το σωστό τύπο της αντωνυμίας:

α. Περιποιείται πολύ ………………….. (εαυτός της).

β. Μας αρέσει να επαινούμε ………………….. (εαυτούς) μας για το έργο μας.

γ. Δουλεύει για ………………… (εαυτός του).

δ. Πρέπει ο καθένας μας να δουλεύει με ………………… (εαυτός), ώστε να γινόμαστε καλύτεροι άνθρωποι.

ε. Ας είμαστε πιο επιεικείς με ………………….. (εαυτούς) μας.

στ. Τον ………………… (εαυτός) της αγαπάει περισσότερο από όλους.

8η Ενότητα

Αγωνίζομαι για την Ειρήνη

Στην ενότητα αυτήν θα μάθεις ή και θα θυμηθείς:

√ **Την** έννοια της Ειρήνης

√ **Τη** σημασία της για την ανθρωπότητα

√ **Την** ανάγκη για την εδραίωσή της στον κόσμο

√ **Τις** αιτίες που προκαλούν πολέμους

√ **Τις** συμφορές που προκαλεί ο πόλεμος

√ **Πώς** παράγω ουσιαστικά και επίθετα από ρήματα

√ **Τη** διαφορά του **ποιος/α/ο** και **πιο**

Κείμενο

Μιλάμε για την Ειρήνη

Σε μία τάξη της Β΄ Γυμνασίου γίνεται συζήτηση ανάμεσα στις μαθήτριες, τους μαθητές και την εκπαιδευτικό τους για την Ειρήνη και τον πόλεμο. Ο καθένας εξέφρασε την άποψή του στο θέμα και το προσέγγισε από τη δική του σκοπιά. Ας παρακολουθήσουμε τη συζήτηση.

«Σήμερα θα αναπτύξουμε το πολύ ενδιαφέρον και επίκαιρο ζήτημα της Ειρήνης, ενός πολύ σημαντικού αγαθού για όλη την ανθρωπότητα», είπε η καθηγήτρια της Νεοελληνικής Γλώσσας στο 5ο Γυμνάσιο Θεσσαλονίκης. «Θέλω να ακούσω τις απόψεις σας στο θέμα με βάση τα τελευταία γεγονότα που συμβαίνουν στον κόσμο».

«Για μένα ο πόλεμος δεν έχει λογική», είπε η Μαρίνα. «**Πιστεύω** πως οι άνθρωποι δεν έχουν λόγο να πολεμούν και πως μεταξύ μας πρέπει να είμαστε αδελφωμένοι». «**Συμφωνώ** με τη Μαρίνα», είπε ο Μανώλης, «αλλά μερικές φορές ο πόλεμος είναι η μόνη λύση για έναν λαό, όταν διεκδικεί για παράδειγμα την ελευθερία ή τα εδάφη του».

«**Νομίζω** πως ο Μανώλης εν μέρει έχει δίκαιο, αλλά θα μπορούσαν τέτοια ζητήματα να λύνονται με διαφορετικό τρόπο», είπε παίρνοντας το λόγο ο Σταμάτης. «Από όσο γνωρίζω, υπάρχει και ο δρόμος της διπλωματίας και του διαλόγου. Θα μπορούσαν επομένως οι λαοί που έχουν έχθρες και αντιπαλότητες, να κάνουν διάλογο και να συζητήσουν τα προβλήματά τους. Μόνον έτσι ίσως υπάρχει κάποια ελπίδα για ειρηνική επίλυση των ζητημάτων τους».

«**Θεωρώ** πως ο Σταμάτης αναφέρεται σε κάτι πολύ σημαντικό. Στο διάλογο!», απάντησε η Αλεξάνδρα. «Ας μην ξεχνάμε όμως ότι ο διάλογος γεννήθηκε μέσα από τη δημοκρατία και πολλές από αυτές τις χώρες δεν έχουν δημοκρατία. Οπότε, το βλέπω κάπως δύσκολο».

«Εγώ πάντως το μόνο που **έχω να προσθέσω** σε όλα αυτά είναι ότι σε έναν πόλεμο πάντα τα θύματα είναι οι άμαχοι και πως όλα γίνονται για το κέρδος», ανταπάντησε ο Στράτος. «Θα συμφωνήσω απόλυτα μαζί σου», είπε η Φωτεινή. «Οι χώρες που κατασκευάζουν όπλα και αποβλέπουν στο οικονομικό όφελος είναι συνήθως αυτές που ευθύνονται για τους πολέμους. Γιατί να κατασκευάζουν όπλα και όχι περισσότερα πάρκα; Γιατί να κατασκευάζουν όπλα και όχι βιβλιοθήκες, αθλητικές εγκαταστάσεις και χώρους αναψυχής;».

«**Έχω την εντύπωση** ότι η Φωτεινή έχει μία πολύ σωστή άποψη για το θέμα», αποκρίθηκε η Κερασία. «Η Ειρήνη είναι το υπέρτατο αγαθό για την ανθρωπότητα. Μόνο με την Ειρήνη προοδεύει και η κοινωνία και οι άνθρωποι. Μόνο με την Ειρήνη γίνονται τα πιο αξιοθαύμαστα έργα και μόνο με αυτήν είμαστε ασφαλείς και ευτυχισμένοι. Μα δεν καταλαβαίνω τίποτε! Υπάρχει άνθρωπος που να μην αγαπά τη γαλήνη και την ηρεμία; Υπάρχει άνθρωπος που να θέλει το κακό του άλλου; Να βλέπει τη γη και την περιουσία του να καταστρέφεται; Να πεθαίνουν οι συνάνθρωποί του; Με συγχωρείτε, αλλά εγώ αδυνατώ να εξηγήσω τα ανεξήγητα…».

(επιμέλεια κειμένου, Σ. Δημοπούλου)

Ερωτήσεις

1. Να αναφερθείτε στις διάφορες απόψεις των παιδιών σχετικά με το θέμα και να αναπτύξετε τη δική σας θέση για τον πόλεμο και την αξία της Ειρήνης.

2. Να χρησιμοποιήσετε τις λέξεις με έντονα γράμματα σε δικές σας προτάσεις.

3. Να κάνετε την αντιστοίχιση:

Ειρήνη	χάνονται ανθρώπινες ζωές
	όλοι είναι αγαπημένοι
	η κοινωνία προοδεύει
	καταστρέφεται το περιβάλλον
Πόλεμος	υπάρχει εκμετάλλευση
	αναπτύσσεται ο διάλογος
	ο άνθρωπος εξαθλιώνεται
	υπάρχει ενότητα και συνεργασία

4. Να μεταφέρετε στον πλάγιο λόγο τα λεγόμενα των παιδιών μέσα από το κείμενο.

Διαθεματική εργασία

(πηγή εικόνων, www.elniplex.com)

Τα παραπάνω βιβλία απευθύνονται στην εφηβική ηλικία και θεματικά συνδέονται με τον πόλεμο στις διάφορες μορφές και εποχές. Με τη βοήθεια του διαδικτύου να βρείτε πληροφορίες για το θέμα του καθενός και να τις παρουσιάσετε στην τάξη. Εναλλακτικά, θα μπορούσατε να προμηθευτείτε ένα από αυτά τα βιβλία και να διαβάσετε αποσπάσματα, ώστε να γίνει ομαδική συζήτηση και ανταλλαγή απόψεων.

Συμπληρωματικό κείμενο

Γιατί;

Σουρούπωνε και η μάχη που είχε αρχίσει σύναυγα* κόπασε πια. Λίγη ώρα πριν έπεφτε ακόμη αραιό λιανοντούφεκο. Κάποιος θερμόαιμος χτυπούσε στο πείσμα του οχτρού. Όμως τώρα ήταν πλέρια ησυχία. Ο μεγάλος ήλιος που ολημερίς τσουρουφλούσε φίλους κι οχτρούς είχε γυρίσει πια να ξεκουραστεί. Σιχάθηκε να βλέπει τους ανθρώπους να σκοτώνονται συναμεταξύ τους κι έκλεισε τα μάτια να ξεχάσει. Ο νέος στρατιώτης ακούμπησε απάνω στο βράχο το ντουφέκι και το κράνος, άνοιξε τα χέρια πλατιά να ξεμουδιάσει το απανωκόρμι, ανάσανε βαθιά κάνα δυο φορές και βιαστικός βάλθηκε να κατηφορίζει την πλαγιά, να φτάξει πιο γρήγορα στη ρεματιά που από χτες είχε σημάνει* μια φλεβίτσα γάργαρο, πεντακάθαρο νερό. Ήτανε δροσιά κάτω εκεί και το βρεμένο χορτάρι μύριζε όμορφα. Ο νέος στρατιώτης έσκυψε πάνω από την ξεχειλισμένη γουρνίτσα* κι ήπιε άφθονο το κρύο νεράκι. Η φλόγα έσβησε από τα σωθικά του.

«Αχ, τι δροσιά...», είπε. Έσκυψε πάλι, χούφτιασε το νερό και το 'χυσε στο πρόσωπο κι απάνω στο κεφάλι. Δροσίστηκε, καθαρίστηκε, μέρεψε.* Έγινε άλλος άνθρωπος. Σήκωσε ψηλά το κεφάλι κοίταξε τον ουρανό και μίλησε χαρούμενα.

- Θε μου, όμορφη 'ναι η ζωή του ανθρώπου. Κάνε με το καλό να τελέψει* γρήγορα ο πόλεμος, να γυρίσω πίσω στο σπίτι κοντά στη γριά μανούλα που με καρτερά και κοντά στ' αδέρφια μου.

Τέλεψε το λόγο, χάιδεψε ακόμα με το χέρι, με το μάτι το δροσερό νεράκι. Σηκώθηκε να φύγει. Αξάφνου άκουσε πλάι του περπατηξιά, εκεί, από την άλλη μεριά της ανηφόρας, κι έστριψε απότομα το κεφάλι να δει.

Ένας άλλος στρατιώτης, οχτρός, κατέβαινε και τούτος ξέγνοιαστος και ξαρμάτωτος,* να πιει από τη γουρνίτσα, να δροσιστεί και, με τον τρόπο τούτο, να ευχαριστήσει το Θεό, που τον προστάτεψε και τον φύλαξε και τη μέρα τούτη. Μα ο πρώτος στρατιώτης ξέχασε ολότελα τα όσα τώρα δα είπε αγναντεύοντας τον ήσυχο ουρανό και μονοστιγμής τράβηξε από τη μέση του το πιστόλι και το πρότεινε στον υχτρό.

Ο άλλος που ερχότανε διψασμένος από την ολοήμερη κάψα,* κι ένιωθε κιόλας να λαγαρίζει μέσα του το τρεχούμενο νεράκι και να του δροσίζει τα πυρωμένα σωθικά, τρομαγμένος τώρα μπρος στο απλωμένο πιστόλι σήκωσε μονομιάς τα χέρια και κάτι είπε στη γλώσσα του παρακλητικά, με φοβισμένη, συγκινημένη φωνή. Τάχατες ήθελε να πει:

- «Κοίταξέ με, αδερφέ μου, είμαι ολομόναχος και άοπλος. Δίψασα πολύ και ήρθα να πιω λίγο νεράκι. Λυπήσου με, είμαι αθώος, χάρισέ μου τη ζωή. Κοίταξε, είμαι νέος πολύ και ξέρεις, μια γριά μάνα που δεν έχει στον κόσμο άλλο κανένα, με καρτερά».

Μα ο νέος στρατιώτης ξέχασε μονομιάς το Θεό. Έχασε τον άνθρωπο, πίεσε τη σκαντάλη και η σφαίρα γλίστρησε από την κάνη και χτύπησε κατάστηθα τον οχτρό. Ο άνθρωπος κυλίστηκε πάνω στη γης σπαράζοντας και βογκώντας. Ο νέος στρατιώτης, νευρικός πολύ, σίμωσε το χτυπημένο και στάθηκε απάνω του κοιτώντας τον. Ο ξένος ήτανε πεσμένος ανάσκελα. Σάλευε σπασμωδικά, κούναγε τα πόδια κι έσφιγγε τα δυο χέρια του απάνω στο στήθος.

Τα χλωμά πονεμένα χείλη κινιόντουσαν σιωπηλά. Τα ορθάνοιχτα μάτια κοιτούσαν γιομάτα απορία και φόβο το νέο στρατιώτη. Και πάνω σε όλο το πρόσωπο: μέτωπο, μάτια, χείλη, ήταν περιχυμένα ο ανθρώπινος πόνος και το ξάφνιασμα.

Του νέου στρατιώτη τού φάνηκε σαν να τόνε ρωτούσε:

«Γιατί το 'κανες το κακό τούτο, αδερφέ μου άνθρωπε; Γιατί θέλησες να κριματιστείς,* να πάρεις στο λαιμό σου το αίμα ενός αθώου; Παρακάλαγα το Θεό να μ' έχει καλά και να γυρίσω γρήγορα στο χωριό, ν' αγκαλιάσω τη μανούλα μου και να της φιλήσω τα κουρασμένα ματάκια».

Κι όσο ο νέος στρατιώτης τον κοίταζε, θάρρευε ότι τα πικραμένα χείλη του πληγωμένου του μίλαγαν, του έλεγαν τον πόνο και το παράπονό του.

«Κι ακόμα, σα να του 'λεγε, μια κοπελίτσα με περίμενε. Είχαμε κάνει όνειρα πολλά μαζί και καρτέραγε να σταματήσει ο καταραμένος πόλεμος να γυρίσω στο χωριό. Μα τώρα, αδερφέ μου, να, κοίταξε πώς με κατάντησες».

Ένα σκληρό χέρι έσφιγγε την καρδιά του νέου στρατιώτη. Σιδερένιος κύκλος πέρασε γύρω από το κεφάλι του, του το 'σφιγγε και τον πόναγε. Τα μάτια καίγανε. Τον έπιασε παράξενο κακό κι άρχισε να τρέχει την ανηφόρα. Γλίστραγε, έπεφτε, πετιόταν απάνω και ξανά πάλι έτρεχε.

Μεσοστρατίς του βουνού σταμάτησε. Δεν μπορούσε άλλο. Λαχάνιασε, πιάστηκε η καρδιά του, κουράστηκαν τα πόδια, λύγισαν τα γόνατα. Έμεινε εκεί ασάλευτος με το κεφάλι σκυμμένο να σκέφτεται. Μα να σκεφτεί δεν μπορούσε. Χτύπαγαν τα μηνίγγια, το κεφάλι βούιζε. Αξάφνου, χωρίς καλά καλά να ξέρει τι κάνει, βάλθηκε να τρέχει πάλι την πλαγιά κατηφορίζοντας. Μέσα στο μυαλό του τώρα καρφώθηκε μια σκέψη: να προφτάξει, να βοηθήσει το χτυπημένο.

- Θε μου, μουρμούρισε, λυπήσου τον, λυπήσου με. Άφησέ τον να ζήσει.

Έφταξε στη ρεματιά, σίμωσε το χτυπημένο. Τον άγγιξε· ήτανε ζεστός. Άπλωσε τα χέρια, τα πέρασε με προσοχή κάτω από το πληγωμένο κορμί, τ' αγκάλιασε ολόγυρά του, τον έσυρε απάνω του και τον κράτησε έτσι σφιχτά. Χτύπαγε η καρδιά βουτημένη στην αγωνία. Τρυφεράδα και πόνος, αγάπη και φροντίδα, όλα τούτα μαζί τόνε συνεπήραν.

Σιγά, προσεχτικά, τον έφερε ίσαμε τη γουρνίτσα και τον ακούμπησε απάνω στο γρασίδι· πήρε το νερό, που με λαχτάρα κατέβηκε να πιει, και του 'βρεξε τα μαλλιά, του καθάρισε το νεανικό, ωραίο πρόσωπο, του 'σβησε το λεπτό ματωμένο αυλάκι που 'χε στεγνώσει εκεί στην αριστερή μεριά του στομάτου. Του πήρε το χέρι, το άπλωσε απάνω στην ανοιχτή δική του παλάμη και το απαλοχάιδευε.

- Αδερφέ μου, του 'λεγε γλυκά, τρυφερά, αδερφέ μου, συχώρα με· και τα δάκρυα τρέχαν καυτά.

Η νύχτα κατέβηκε ολούθες και απλωμένο σκοτάδι τούς τύλιξε.

- Καλέ μου, πονεμένε μου αδερφέ, μουρμούρισε ο νέος στρατιώτης συντριμμένος. Συχώρα με, καλέ μου, δεν το 'θελα· δεν είμαι φονιάς, σου τ' ορκίζομαι, δεν είμαι φονιάς. Να, μια στιγμή μονάχα ξέχασα πως είμαι άνθρωπος, ξέχασα πως είσαι άνθρωπος, αδερφός μου. Πως μάνα και σένα σε περιμένει στο φτωχικό της: μάνα και πατέρας κι αδέρφια. Ξέχασα, γιατί αυτοί οι κακούργοι θέλανε να με κάνουν να ξεχάσω.

Θυμήθηκε τα λόγια που τους μάθαιναν κι έστρεψε πέρα το βλέμμα ανταριασμένο και άγριο μες στο σκοτάδι. Ύστερα τόνε συνεπήρε πάλι ο πόνος. Απαλοχάιδευε το χέρι του χτυπημένου και τα δάκρυα ξεχείλιζαν και το μούσκευαν.

Όμως ο άλλος πια δεν άκουγε· μήδ' ένιωθε. Η ψυχή του είχε πετάξει και το τυραγνισμένο κορμί άρχισε να σκεβρώνει.* Το σκοτάδι πύκνωσε πιότερο και σκέπασε τους δυο ανθρώπους: φονιά και θύμα, που στέκονταν πλάι πλάι και που ο ένας απαλοχάιδευε το χέρι του άλλου και του μουρμούριζε λόγια αγάπης και πόνου, σα να 'τανε φίλοι παλιοί, σα να 'τανε αδέρφια. Λόγια αγάπης που ο άλλος πια δεν άκουγε.

(Γιάννης Μαγκλής, Δεν υπάρχουν αμαρτωλοί, Δωρικός)

* σύναυγα: ξημερώματα * είχε σημάνει: είχε εντοπίσει * γουρνίτσα: μικρή πηγή * μέρεψε: ημέρωσε * να τελέψει: να τελειώσει * ξαρμάτωτος: χωρίς όπλα * κάψα: ζέστη * να κριματιστείς: να αμαρτήσεις * να σκεβρώνει: να κυρτώνει

Ερωτήσεις

1. Να εντοπίσετε στο παραπάνω λογοτεχνικό απόσπασμα πώς εναλλάσσονται τα συναισθήματα του στρατιώτη θύτη από την αρχή ως το τέλος.

2. Για ποιο λόγο οι δύο στρατιώτες είναι ανώνυμοι;

3. Πιστεύετε πως το συγκεκριμένο απόσπασμα μας μεταφέρει ένα αντιπολεμικό μήνυμα;

4. «Να, μια στιγμή μονάχα ξέχασα πως είμαι άνθρωπος, ξέχασα πως είσαι άνθρωπος, αδερφός μου. Πως μάνα και σένα σε περιμένει στο φτωχικό της: μάνα και πατέρας κι αδέρφια. Ξέχασα, γιατί αυτοί οι κακούργοι θέλανε να με κάνουν να ξεχάσω». Να αναλύσετε την παραπάνω σκέψη σε μία παράγραφο.

Παραγωγή λόγου

Η τάξη σας ετοιμάζει ένα πρότζεκτ με θέμα την Ειρήνη. Καλείστε να παρουσιάσετε τις δικές σας θέσεις σχετικά με τη σημασία της εδραίωσης της Ειρήνης στον κόσμο συντάσσοντας ένα κείμενο με πρόλογο, κυρίως μέρος και επίλογο. Αναφέρεστε στην έννοια της Ειρήνης, στις αιτίες που γίνονται πόλεμοι και στη σημασία του να υπάρχει γαλήνη στον κόσμο. Επίσης, αναφέρεστε στα μέσα που θα χρησιμοποιήσετε στο πρότζεκτ (π.χ. φωτογραφικό υλικό, ντοκουμέντα, κλπ).

Γραμματική

Α. Πώς παράγω από ένα ρήμα ουσιαστικά και επίθετα; Ας πάρουμε για παράδειγμα το ρήμα **αγαπώ < αγάπη < αγαπητός, ή, ό.**

* Προσοχή! Δεν πρέπει να συνδέονται τα επίθετα με τις μετοχές, οι οποίες στο σχηματισμό τους μοιάζουν με επίθετα, π.χ. **αγαπημένος, η, ο**.

Σχηματίστε ουσιαστικά και επίθετα από τα παρακάτω ρήματα:

α. παραδίδω

β. αισιοδοξώ

γ. αισθάνομαι

δ. εκφράζω

ε. αποφασίζω

στ. ανανεώνω

ζ. φιλοσοφώ

η. μιλώ, ομιλώ

θ. χαρακτηρίζω

ι. εκφράζω

Β. **Ποιος , α, ο ή πιο**; Η αντωνυμία **ποιος** χρησιμοποιείται σε ερώτηση, ενώ το **πιο** είναι ποσοτικό επίρρημα και χρησιμοποιείται όταν συγκρίνουμε.

Χρησιμοποιήστε σωστά στα παρακάτω τα ποιος, α, ο και πιο:

α. Με ………….. αφορμή με καλέσατε κύριε διευθυντά;

β. Η Στέλλα είναι η …………. επιμελής στην τάξη.

γ. ………… παιχνίδι θέλετε να παίξετε;

δ. Το ………… σημαντικό πράγμα στη ζωή είναι η υγεία.

ε. Με …………. παιδιά θα συνεργαστείτε φέτος;

στ. …………….. λέξεις είναι οι κατάλληλες για την άσκηση;

ζ. Τα …………. ωραία μου χρόνια ήταν τα παιδικά.

η. ……………… σε φωνάζει;

9η Ενότητα

Κοινωνικά προβλήματα

Στην ενότητα αυτήν θα μάθεις ή και θα θυμηθείς:

√ **Για** την έννοια κοινωνικά προβλήματα

√ **Για** τα σημαντικότερα προβλήματα που μαστίζουν την κοινωνία

√ **Για** τους λόγους που δημιουργούνται

√ **Για** πιθανές λύσεις στα προβλήματα

√ **Για** την ατομική και συλλογική ευθύνη

√ **Την** ουσιαστικοποιημένη πρόταση

√ **Τη** διαφορά του **ότι** με **ό,τι**

Κείμενο

Σκέψεις και προβληματισμοί για την κοινωνία μας

Κοινωνία είναι το περιβάλλον που ζούμε και μας προσδιορίζει, μας χαρακτηρίζει και μας επηρεάζει. Τα προβλήματα αποτελούν κομμάτι της κοινωνικής πραγματικότητας και καλούμαστε όλοι εμείς όχι μόνο να τα αντιμετωπίζουμε σε καθημερινή βάση, αλλά και να τα επιλύουμε. Πολλές φορές όμως η λύση τους δεν είναι **δυνατή** και απαιτεί μεγάλη κινητοποίηση τόσο ατομική όσο και συλλογική. Ας δούμε τα **σημαντικότερα** προβλήματα που απασχολούν τον άνθρωπο και την κοινωνία.

Με τη νεολαία στο επίκεντρο, τα **συχνότερα** προβλήματα που καλούνται να αντιμετωπίσουν κυρίως οι νέες και νέοι στην εφηβεία είναι οι μεταξύ τους σχέσεις και οι σχέσεις με το άλλο φύλο. Λόγω του νεαρού της ηλικίας τους, διαμορφώνεται σταδιακά ο χαρακτήρας τους και επηρεάζονται από πολλούς παράγοντες, όπως οι φίλοι και παρέες, και βέβαια τα μέσα κοινωνικής δικτύωσης. Έτσι, έννοιες όπως ο έρωτας, η αγάπη, η μοναξιά, ο εκφοβισμός και γενικότερα η μη αποδοχή, τους απασχολούν στο **μέγιστο** βαθμό.

Σημαντικής βαρύτητας κοινωνικό πρόβλημα αποτελούν και οι άστεγοι σε μία πόλη. Συνήθως το φαινόμενο αυτό είναι έντονο στις **αναπτυγμένες** κοινωνίες και έρχεται σε αντίφαση με το γεγονός πως, παρόλο που το κράτος τους δίνει πολλές κοινωνικές παροχές, ωστόσο υπάρχουν άστεγοι. Στη γερμανική πραγματικότητα είναι δυστυχώς ένα τεράστιο πρόβλημα, αφού η παρουσία των αστέγων αντί να μειώνεται αυξάνεται.

Η αύξηση της βίας και εγκληματικότητας σε συνδυασμό με τη διακίνηση παράνομων ουσιών κυρίως στα σχολεία, αποτελεί κυριολεκτικά μάστιγα. Ληστείες, ξυλοδαρμοί, κακοποίηση, ρατσιστικές επιθέσεις είναι καθημερινά και συχνά πλέον φαινόμενα σε όλο τον κόσμο. Ανήλικα παιδιά γίνονται ολοένα θύματα μιας ανελέητης βίας που προβάλλεται σε **υπερβολικό** βαθμό μέσα από ταινίες, ηλεκτρονικά παιχνίδια και στίχους τραγουδιών.

Η φτώχεια και ο αναλφαβητισμός σε κάποιες χώρες της Νότιας Ασίας και Αφρικής με χαμηλό βιοτικό επίπεδο αποτελούν βασικά προβλήματα. Σύμφωνα με έκθεση της Unicef για την Υποσαχάρια* Αφρική, 247 εκατομμύρια παιδιά, -ή 2 στα 3-, ζουν σε πολυδιάστατη φτώχεια, στερούμενα αυτά που χρειάζονται για να επιβιώσουν και να αναπτυχθούν, και όπου σχεδόν το 60% των νέων 20-24 ετών από το φτωχότερο τμήμα του πληθυσμού είχαν λιγότερα από τέσσερα χρόνια εκπαίδευσης.

Τέλος, πολύ σοβαρές ψυχικές ασθένειες με πρώτη την κατάθλιψη δεν **απουσιάζουν** από τις σύγχρονες κοινωνίες και είναι συνήθως αποτέλεσμα της ανεργίας και των οικονομικών προβλημάτων που αντιμετωπίζει μια σημαντική μερίδα ανθρώπων. Στην κατάθλιψη οδηγεί επίσης και η μοναξιά που βιώνει ο σημερινός άνθρωπος, παρόλη την τεχνολογική εξέλιξη και την πληθώρα των μέσων κοινωνικής δικτύωσης, μέσα από τα οποία έχει τη δυνατότητα να συνομιλεί με διάφορα άτομα.

Είναι πολύ δύσκολη η άμεση αντιμετώπιση αυτών των προβλημάτων με τα οποία παλεύει η κοινωνία και ο ρόλος μας ως άτομα που ανήκουν σε αυτήν είναι καθοριστικός. Μπορούμε, αν όχι να τα εξαλείψουμε, τουλάχιστον να τα περιορίσουμε σε μεγάλο βαθμό με τη σωστή οργάνωση και συλλογική δράση που απαιτεί εποικοδομητικό διάλογο και συνεργασία.

(επιμέλεια κειμένου, Σ. Δημοπούλου)

*Γεωγραφικός όρος, που χαρακτηρίζει τις χώρες της Αφρικής που βρίσκονται νότια της Σαχάρας.

Ερωτήσεις

1. Ποια είναι τα βασικότερα κοινωνικά προβλήματα που θίγονται στο κείμενο; Ποιο από όλα θεωρείτε πιο σοβαρό και γιατί;

2. «Στην κατάθλιψη οδηγεί επίσης και η μοναξιά που βιώνει ο σημερινός άνθρωπος, παρόλη την τεχνολογική εξέλιξη και την πληθώρα των μέσων κοινωνικής δικτύωσης, μέσα από τα οποία έχει τη δυνατότητα να συνομιλεί με διάφορα άτομα». Να εξηγήσετε σε μία παράγραφο το νόημα της παραπάνω διαπίστωσης.

3. Να χρησιμοποιήσετε τη σωστή λέξη στις παρακάτω προτάσεις:

α. Πολλοί νέοι **οδηγούνται/καθοδηγούνται** στην κατάθλιψη εξαιτίας του εκφοβισμού που δέχονται στο σχολικό περιβάλλον.

β. Η κοινωνία μας **χαρακτηρίζεται/χαρακτηρίζει** από ποικίλα προβλήματα.

γ. Η τεχνολογική **εξέλιξη/ανέλιξη** ευθύνεται σε μεγάλο βαθμό για τα σημερινά προβλήματα του ανθρώπου.

δ. Για να αντιμετωπιστεί το πρόβλημα, **απαιτεί/απαιτούνται** δραστικές λύσεις.

ε. Ο ίδιος ο άνθρωπος πρέπει να αναλάβει **δράση/επίδραση**, ώστε να συμβάλει στην επίλυση του προβλήματος.

4. Για κάθε μία από τις λέξεις του κειμένου με έντονα γράμματα να γράψετε την αντίθετή της.

Κείμενο

Κινητό. Ένα διήγημα για τη μοναξιά

Έσυρε τα πόδια του μέχρι το κουζινάκι. Έβαλε στο γκαζάκι να βράζει το νερό. Έσκυψε κι έβγαλε μια ραγισμένη φλιτζάνα απ' το κάτω ντουλάπι. Ένας σφάχτης τρύπησε τη μέση του. Τα χείλη του σφίχτηκαν. Μια χαραγματιά πόνου σκάλισε το πρόσωπο του. Τα παραμορφωμένα του δάχτυλα προσπαθούσαν να ανοίξουν το χάρτινο κουτί του τσαγιού. Φύσηξε, ξεφύσηξε και συγκέντρωσε όλη του την προσοχή εκεί, αλλά μάταια. Πήρε ένα μαχαίρι κι έκοψε τελικά τη συσκευασία. Στάλες ιδρώτα κύλησαν πίσω από τα αυτιά του. Έβαλε ένα φακελάκι με χαμομήλι στη φλιτζάνα κι έπειτα περίμενε να κοχλάσει το νερό. Με την κούπα φωλιασμένη στις παλάμες του κάθισε στην ψάθινη καρέκλα, πλάι στους τενεκέδες με τα χρυσάνθεμα. Ένα ψυχρό αεράκι χάιδεψε το πρόσωπό του, ανακάτεψε τα κεχριμπαρένια φύλλα της μουριάς, που 'χαν σκεπάσει τα πλακάκια της αυλής, γλίστρησε μέσα απ' τα μαραγκιασμένα φύλλα των βασιλικών κι ύστερα συνέχισε το ταξίδι του. Φθινοπώριασε. Ήπιε κάνα δυο γουλιές χαμομήλι. Το αχνιστό υγρό έκαψε το λαιμό του. Τα μάτια του βούρκωσαν. Κοίταξε το ρολόι του. Το λουράκι είχε από χρόνια ξεφλουδίσει. Ήταν νωρίς ακόμα. Σίγουρα ακόμη θα κοιμόντουσαν. Έστρεψε το βλέμμα του στον ουρανό. Το δικό του γαλάζιο ενώθηκε μ' εκείνο το θαμπό, το μελαγχολικό του φθινοπωρινού ουρανού. Το τσάι σταμάτησε να αχνίζει. Πάγωσε. Κι εκείνος ακόμα στην αυλή, να περιμένει. Κόντευε πια να μεσημεριάσει. Η μέρα βούλιαζε σε μια υγρή σιωπή. Μονάχα τα πεσμένα φύλλα αναδεύονταν πού και πού. Κανείς δεν πέρασε από το δρόμο. Με τις λιωμένες του παντόφλες να σέρνονται μπήκε στο σπίτι. Σαν να κρύωνε λίγο. Έριξε στους ώμους μια ζακέτα σβολιασμένη. Άφησε τη φλιτζάνα στο νεροχύτη, δίπλα απ' το πορσελάνινο βουνό των άπλυτων πιάτων κι ύστερα κάθισε στον καναπέ. Άνοιξε την τηλεόραση, τυχαία σε ένα κανάλι. Κοίταξε για λίγο, μα ύστερα την έκλεισε. Δεν την άντεχε! Μαϊμού χαμόγελα. Ενδιαφέρον προσποιητό. Επιτηδευμένη ανεμελιά. Ένας εικονικός κόσμος αγγελικά πλασμένος για μια πραγματικότητα που αιμορραγεί...

Έκανε μερικά βήματα απ' το τραπεζάκι της τηλεόρασης μέχρι τη σκονισμένη εταζέρα. Ένα σωρό χάρτινα πρόσωπα του χαμογελούσαν. Μια ζωή ολόκληρη ή μάλλον μονάχα οι στιγμές εκείνες μιας ευτυχίας που τότε φάνταζε παντοτινή, μα τελικά αποδείχτηκε πρόσκαιρη, βρίσκονταν φωλιασμένη πίσω από τζάμια θαμπά. Τα μάτια του στάθηκαν για κάμποσο στην καθεμία. Ένας κόμπος έφραξε το λαιμό. Ένα βαρίδιο πλάκωσε το στήθος. Μια γεύση πικρή στάθηκε στην άκρη της γλώσσας του. Γύρισε ξανά στον καναπέ. Κοίταξε το ρολόι στο δεξί του χέρι.

«Μα γιατί δε χτυπά;». «Μήπως τέλειωσε η μπαταρία του κι έκλεισε;» ψιθύρισε τις σκέψεις του. Με δάκτυλα που τρέμουν, έπιασε το μαύρο πλαίσιο γύρω απ' την οθόνη. Πάτησε το μεσαίο στρόγγυλο κουμπί. Η οθόνη του φώτισε. Μισόκλεισε τα μάτια. Έφερε το κινητό κοντά τους. Εκείνα περιπλανήθηκαν για λίγο προσπαθώντας να βρουν το εικονίδιο της μπαταρίας. Ήταν πλήρως φορτισμένο! «Θα περιμένω λίγο ακόμα!», αποφάσισε τελικά. Έβαλε το κινητό στην τσέπη του πουκαμίσου του. Να το 'χει κοντά του. Να το προλάβει, όταν θα χτυπήσει.

Έφαγε ανόρεχτα δυο φρυγανιές με λίγη φέτα και κάνα δυο ελιές. Ύστερα ξάπλωσε. Ο ουρανός έπαιρνε μια βαθιά μαύρη απόχρωση, όταν άνοιξε τα μάτια του. Βράδιαζε κι εκείνο ακόμα να χτυπήσει... Άναψε ένα κερί.
Η φλόγα του, αν και χλωμή, κατάφερε να ραγίσει το σκοτάδι. Σηκώθηκε και κλείδωσε την εξώπορτα. Κανείς δεν του χτύπησε και σήμερα! Άνοιξε το μικρό ραδιόφωνο, που βρίσκονταν στην κορυφή της στοίβας με τα βιβλία, πάνω στο κουτσό τραπέζι, εκείνο που έγερνε επικίνδυνα. Η μόνιμη συντροφιά του για χρόνια, για νύχτες αφέγγαρες που φάνταζαν ατελείωτες!

Το βλέμμα του συννέφιασε. Δάκρυα κύλησαν στο σταφιδιασμένο του πρόσωπο. Το κινητό τώρα βρίσκονταν ανάμεσα στα δάκτυλά του. Το κρατούσε σφιχτά, με μια ναυαγισμένη σχεδόν ελπίδα, κρυμμένη σε μια γωνιά της χούφτας του. Μα, θα έμενε βουβό για άλλο ένα βράδυ. Το ήξερε! Κι εκείνος μόνος, θαρρείς από πάντα, με τον ίσκιο της μοναξιάς να γέρνει όλο και πιο βαρύς επάνω του…

> (Ελαφρά διασκευασμένο κείμενο του Γιάννη Ζαραμπούκα. Πηγή, www.frapress.gr)

Εργασίες

1. Σε ένα κείμενο 150 λέξεων περίπου, να αναφερθείτε στο κοινωνικό πρόβλημα που παρουσιάζεται μέσα από το απόσπασμα. Εξηγήστε τα συναισθήματα του ήρωα σε σχέση με το τηλέφωνο που δε χτυπά. Για ποιους λόγους πιστεύετε συμβαίνει αυτό στην εποχή μας και πώς συνδέεται με τη μοναξιά και την κατάθλιψη;

2. Προσπαθήστε να αλλάξετε τον τίτλο του αποσπάσματος με έναν δικό σας.

3. Ο συγγραφέας χρησιμοποιεί σε πολλά σημεία του κειμένου σημεία στίξης, όπως τα αποσιωπητικά (….), το θαυμαστικό (!), αλλά και πολύ κοφτές φράσεις (όπως για παράδειγμα: «να το χει κοντά του»). Τι υποδηλώνουν όλα αυτά τα επαναλαμβανόμενα σημεία στίξης αλλά και οι κοφτές και σύντομες φράσεις και προτάσεις στο κείμενο;

Επεξεργασία εικόνων

(πηγή εικόνων, www.pixabay.com)

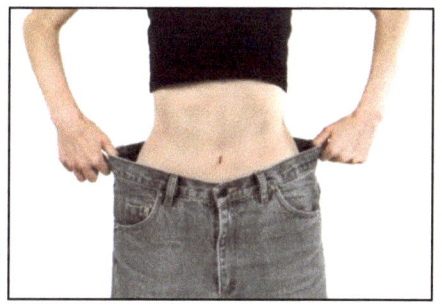

(πηγή εικόνας, www.akappatou.gr)

Στις εικόνες παρατηρείτε κάποια από τα σημαντικότερα προβλήματα της εποχής. Να εξηγήσετε το καθένα από αυτά και να αναφερθείτε στις αιτίες που τα προκαλούν. Πώς πιστεύετε μπορεί κάποιος να μην πέσει θύμα τους; Πώς μπορεί να βοηθήσει η οικογένεια ή ο περίγυρος;

Γραμματική

Α. Ουσιαστικοποιημένες είναι οι προτάσεις, στις οποίες το ουσιαστικό αντικαθιστά το ρήμα.

Παράδειγμα: **Η φυγή του** με στενοχώρησε = Με στενοχώρησε **το ότι έφυγε**

Άσκηση

Να αντικαταστήσετε τις παρακάτω ουσιαστικοποιημένες προτάσεις με ρήματα και το αντίστροφο. Να κάνετε τις απαραίτητες αλλαγές:

α. **Εξαιτίας της ζέστης** ένιωσε αδιαθεσία.

β. **Το ότι αδιαφορείς** για την κατάσταση με ενοχλεί.

γ. **Η απουσία της** έγινε αμέσως αντιληπτή.

δ. Με πείραξε **το ψέμα του**.

ε. **Με το να κλαις** συνέχεια δε θα με πείσεις **για την αλήθεια**.

στ. **Με το που ήρθε** ο Πέτρος όλα άλλαξαν.

ζ. **Από το φόβο του** τα αποκάλυψε όλα.

η. Όλα τα κάνετε **με βιασύνη** σήμερα.

Β. **Ό,τι** και **ότι**: ό,τι σημαίνει οτιδήποτε, ενώ το ότι είναι σύνδεσμος (π.χ. πιστεύω **ότι θα φύγει**). Να βάλετε στις παρακάτω προτάσεις τα **ότι** και **ό,τι**: Θεώρησα ……… μου έλεγε ψέματα, γιατί ……… κι αν άκουγα δεν το πίστευα. Πίστευε ……… θέλεις, μου είπε η Κάτια, αλλά πλέον είμαι της γνώμης ……. η αλήθεια κρύβεται αλλού και ……… προσπαθείς να με παραπλανήσεις. ……. κι αν σου πω τώρα είναι μάταιο. Πάντως να ξέρεις ….. από εδώ και στο εξής θα είμαι δύσπιστη απέναντι σε ….. λες και ….. σκέφτεσαι.

10η Ενότητα

Βοηθώ το συνάνθρωπο – Εθελοντισμός

Στην ενότητα αυτήν θα μάθεις ή και θα θυμηθείς:

√ **Την** έννοια του εθελοντισμού

√ **Την** αξία της προσφοράς

√ **Την** έννοια του κοινωνικού εθελοντισμού

√ **Ποιες** είναι οι σύγχρονες μορφές εθελοντισμού

√ **Το** ρόλο του σχολείου στον εθελοντισμό

√ **Για** τη σημασία των λέξεων στην κυριολεξία και μεταφορά

√ **Για** την αποβολή ή διατήρηση του -ν

Κείμενο

Εθελοντισμός = πράξη αγάπης

Η έννοια του εθελοντισμού συνδέεται με μία πράξη που έχει κοινωφελή χαρακτήρα, δηλαδή γίνεται με σκοπό να βοηθηθεί ο συνάνθρωπος χωρίς αμοιβή και χωρίς αντάλλαγμα. Εθελοντής επομένως είναι αυτός που προσφέρει τις γνώσεις, την εμπειρία ή τη βοήθειά του σε συνανθρώπους του χωρίς χρήματα.

Ο εθελοντισμός τα τελευταία χρόνια έχει μια πιο επίσημη μορφή με τη δημιουργία μη κυβερνητικών οργανισμών, οι οποίοι προσφέρουν αφιλοκερδώς βοήθεια σε ομάδες ανθρώπων εκεί που απαιτείται. Έτσι, βοηθούν για παράδειγμα στη διαβίωση των νέων μεταναστών ή σε φυσικές καταστροφές (π.χ. πλημμύρες, σεισμοί).

Εκτός όμως από τις μη κυβερνητικές οργανώσεις, υπάρχουν και τοπικοί φορείς σε δήμους και κοινότητες, που συμβάλλουν ενεργά σε περιπτώσεις που απαιτείται η συνδρομή τους. Σε πυρκαγιές, καθαρισμό ακτών, δενδροφύτευση, ή ακόμη και σε ανάγκες που έχουν κάποιες φτωχές οικογένειες, στις οποίες προσφέρονται τρόφιμα και ρούχα ή φάρμακα, οι τοπικές κοινωνίες, αλλά και η εκκλησία, στηρίζουν έμπρακτα οποιονδήποτε το χρειάζεται.

Ο εθελοντισμός έχει μεγάλη σημασία τόσο στον άνθρωπο όσο και στο σύνολο. Μέσα από αυτόν το άτομο νιώθει χρήσιμο και δημιουργικό, αφού προσφέρει με ανιδιοτέλεια και συναισθάνεται τον πόνο και την ανάγκη του διπλανού του. Αποβάλλει έτσι τον εγωισμό και τον ατομικισμό και γίνεται ένα με τους συνανθρώπους του.

Ο ρόλος της εκπαίδευσης και του σχολείου είναι πολύ σημαντικός στη γνωριμία με τον εθελοντισμό. Μέσα από διάφορα εκπαιδευτικά προγράμματα που σχετίζονται με σύγχρονα προβλήματα, όπως είναι η περιβαλλοντική καταστροφή, αδύναμες κοινωνικές ομάδες που χρειάζονται στήριξη (π.χ. η οργάνωση γευμάτων σε άστεγους), ή η φροντίδα των αδέσποτων ζώων και άλλα παρόμοια, είναι δυνατό να έρθουν οι μαθητές σε επαφή με τα πραγματικά προβλήματα της κοινωνίας. Επίσης, μπορούν με επισκέψεις σε οργανισμούς, όπως είναι ο Ερυθρός Σταυρός, να βιώσουν την εμπειρία της συνεργασίας μιας ομάδας στην αντιμετώπιση δύσκολων καταστάσεων.

Μπορούμε όλοι μας να γίνουμε εθελοντές για όποιον μας χρειάζεται. Μπορούμε να είμαστε χρήσιμοι και να προσφέρουμε απλόχερα την αγάπη, τη στήριξη και τη βοήθειά μας στο συνάνθρωπο. Μόνον έτσι θα νιώσουμε χρήσιμοι στην κοινωνία και θα αγαπήσουμε το διπλανό μας όπως τους εαυτούς μας.

(επιμέλεια κειμένου, Σ. Δημοπούλου)

Ερωτήσεις

1. Πώς αντιλαμβάνεστε την έννοια του εθελοντισμού;

2. Να αναφερθείτε στη δική σας εμπειρία σε σχέση με τον εθελοντισμό μέσα από το σχολείο.

3. Σε ποιον οργανισμό κοινωφελούς δράσης θα σας ενδιέφερε να ήσασταν μέλος και γιατί;

4. Να γράψετε για κάθε μία παράγραφο και έναν πλαγιότιτλο.

Κείμενο

Εμπειρίες εθελοντών

(πηγή εικόνας, www.sxediastinpoli.gr)

(πηγή εικόνας, www.elefsina.gr)

10 εθελοντές απαντούν σε 7 ερωτήσεις για τις καλές, αλλά και τις δύσκολες πλευρές του εθελοντισμού.

Τους ευχαριστούμε πάνω απ' όλα, γιατί αποτελούν για μας μια σταθερή πηγή έμπνευσης. Παίρνουμε από αυτούς κουράγιο, γιατί ένα μέρος της αλλαγής που θέλουμε να φέρουμε στον κόσμο, το βλέπουμε ήδη σε αυτούς τους ανθρώπους.

1. Εθελοντισμός μες στην κρίση; Σου περισσεύει χρόνος και χρήμα;

Μαρία: Ποτέ δεν περισσεύει ο χρόνος… Όμως το ότι αυτή τη στιγμή ζούμε σε δύσκολες συνθήκες οφείλεται και στο γεγονός ότι ο καθένας κοιτάζει πάντα το δικό του όφελος και δεν βλέπει περισσότερο συνολικά. Αν αυτό δεν αλλάξει, θα παραμείνουμε για καιρό ακόμη σε κρίση. Και δε θα αλλάξει ως δια μαγείας, αλλά με μικρές αλλαγές που θα κάνει ο καθένας.

Στεφανία: Δε μου περισσεύει ούτε χρόνος, ούτε χρήμα! Σκεφτόμουν ότι ήταν ο καλύτερος τρόπος να "μπλεχτώ" με πολλά διαφορετικά πράγματα, να γνωρίσω ανθρώπους, να δώσω και να πάρω γνώσεις, να ενημερώνω και να ενημερωθώ, και το πιο βασικό, να βοηθήσω με όποιον τρόπο μπορώ στο κοινωνικό σύνολο.

Κατερίνα: Έγινα εθελόντρια πριν από την κρίση, αλλά και τώρα ο εθελοντισμός με βοηθάει να αντιμετωπίζω την κρίση με περισσότερη ψυχραιμία και λιγότερο άγχος.

Κυριαζής: Κανένας δεν είναι τόσο φτωχός που να μην μπορεί να προσφέρει ένα χαμόγελο στο διπλανό του! Για μένα ακόμα κι αυτή η μικρή πράξη είναι εθελοντισμός. Δε χρειάζεται να έχεις εκατομμύρια για να προσφέρεις. Η προσφορά είναι στη διάθεση, όρεξη να δώσεις πράγματα ακόμα κι από το υστέρημά σου.

2. Ως εθελοντής δίνεις ή παίρνεις περισσότερα;

Ναταλί: Προσπαθώ να δίνω ό,τι καλύτερο μπορώ, αλλά τελικά περισσότερα παίρνω. Φεύγοντας από το πάρκο (όπου προσφέρει περιβαλλοντική εκπαίδευση στα παιδιά) νιώθω σαν να έχω πληρωθεί, και πολύ καλά μάλιστα! Η αμοιβή μου είναι η χαρά των παιδιών όταν ανακαλύπτουν κάτι... Ο ενθουσιασμός τους είναι μεταδοτικός!

Μάρθα: Προσφέρεις χωρίς να περιμένεις αντάλλαγμα. Όμως, απέκτησα φίλους, γνώσεις, εμπειρίες: μπορεί να θεωρηθεί υπερβολή, αλλά νιώθω ότι καθόρισαν τη συνείδησή μου ως πολίτη. Απέκτησα το αίσθημα της ευθύνης απέναντι στον κόσμο, στη φύση, στην πόλη μου, στο βουνό μου, στη θάλασσά μου.

3. Τι συμβουλή θα έδινες σε κάποιον που το σκέφτεται;

Μαρία: Να μη διστάσει να δοκιμάσει τις δικές του ικανότητες, γιατί είναι ένας τρόπος να ανακαλύψει νέες πτυχές του εαυτού του και των δυνατοτήτων του.

Κυριαζής: Ο δρόμος του εθελοντή δεν είναι φτιαγμένος με ροδοπέταλα, απαιτεί αγώνα, να συνεχίζει εκεί που οι άλλοι θα λένε «φεύγω». Το μόνο που θα μπορούσα να εκμυστηρευτώ σε κάποιον που θα το επιχειρήσει: να δώσει όλο του το είναι!

Στεφανία: Μέσα από τον εθελοντισμό, πρώτα από όλα γνωρίζεις εσύ ο ίδιος τον εαυτό σου και ανακαλύπτεις πτυχές του που ίσως δεν έβγαιναν ποτέ στην επιφάνεια.

(κείμενο διασκευασμένο της WWF, www.wwf.gr)

Ερωτήσεις

1. Σχολιάστε τις απόψεις των εθελοντών σχετικά με το έργο που προσφέρουν. Θεωρείτε πως είναι πράγματι δύσκολο το έργο τους;

2. «Απέκτησα το αίσθημα της ευθύνης απέναντι στον κόσμο, στη φύση, στην πόλη μου, στο βουνό μου, στη θάλασσά μου». Πώς αντιλαμβάνεστε την άποψη αυτή;

3. Να γράψετε σε ένα κείμενο τις απόψεις των εθελοντών σε τρίτο πρόσωπο (π.χ. Στην ερώτηση αν υπάρχει εθελοντισμός μέσα στην κρίση και αν περισσεύει χρόνος και χρήμα η απάντηση ήταν ότι….. κλπ.).

Παραγωγή λόγου και διαθεματική εργασία

1. Το σχολείο σας ετοιμάζει ένα πρότζεκτ σχετικό με εθελοντικές δράσεις. Παρουσιάζετε σε ένα κείμενο (200 με 250 λέξεις) με πρόλογο, κυρίως θέμα

και επίλογο, τη σημασία του εθελοντισμού για τον άνθρωπο και την κοινωνία, τι θα παρουσιάσετε και ποια μέσα θα χρησιμοποιήσετε στην παρουσίασή σας.

2. Με τη βοήθεια του διαδικτύου να βρείτε οργανισμούς που ασχολούνται με εθελοντικές δράσεις και να παρουσιάσετε το έργο τους μέσα στην τάξη.

Γραμματική

Α. **Θυμάμαι την κυριολεξία και μεταφορά**

Πολύ συχνά στο λόγο χρησιμοποιούμε για όμοιες λέξεις την κυριολεξία και τη μεταφορά. Η κυριολεξία συνδέεται με την πραγματική έννοια της λέξης, ενώ η μεταφορά με διαφορετική σημασία που δεν ανταποκρίνεται στην πραγματικότητα.

Παράδειγμα: Από το πρωί βρέχει ασταμάτητα (κυριολεξία)

Βροχή έπεφταν οι ερωτήσεις στο γνωστό τραγουδιστή (μεταφορά)

Ασκήσεις

1. Να σημειώσετε την κυριολεξία ή μεταφορά στις λέξεις με έντονα γράμματα:

α. Ο δυνατός άνεμος **ξερίζωσε** τα δέντρα	Κ	Μ
β. Είχε **καθαρό** ποινικό μητρώο	Κ	Μ
γ. **Πάγωσε** η καρδιά του στο άκουσμα της είδησης	Κ	Μ
δ. Από την πολλή ζέστη **ίδρωνε**	Κ	Μ
ε. **Ίδρωσε** για να περάσει τις εξετάσεις	Κ	Μ
στ. **Φωτίστηκε** πρόσωπό της από χαρά	Κ	Μ

ζ. Το αεροπλάνο που **συνετρίβη** ήταν μονοθέσιο   Κ   Μ

η. **Λύγισε** από τις δυσκολίες και τις στενοχώριες   Κ   Μ

θ. **Έστρωσε** το κρεβάτι με ένα ωραίο σεντόνι   Κ   Μ

2. Να χρησιμοποιήσετε τις παρακάτω λέξεις σε φράσεις ή προτάσεις με την κυριολεκτική και μεταφορική τους σημασία:

α. κύμα

β. πλάτη

γ. καρδιά

δ. μασάω

ε. μαγειρεύω

στ. ψαρεύω

3. Να εξηγήσετε τη σημασία των μεταφορικών φράσεων:

α. σηκώνω τα χέρια ψηλά

β. δώσανε τα χέρια

γ. δεν ίδρωνε το αυτί του

δ. δε μου γεμίζει το μάτι

ε. δεν παίρνει από λόγια

στ. τα βρήκαμε στο τέλος

ζ. έγινε καπνός

η. τα έκανε θάλασσα

θ. στάζει φαρμάκι η γλώσσα του

ι. κόλλησε το μυαλό μου

Β. Η διατήρηση και αποβολή του -ν στις λέξεις

Υπάρχουν ορισμένες λέξεις στις οποίες το τελικό -ν άλλοτε παραμένει και άλλοτε χάνεται και είναι:

1. το άρθρο την

2. η προσωπική αντωνυμία του τρίτου προσώπου αυτήν, την

3. τα μόρια δεν και μην

Οι λέξεις αυτές **διατηρούν το τελικό -ν** όταν η λέξη που ακολουθεί αρχίζει από φωνήεν (α, ε, ι, η, υ, ο, ω) ή από τα σύμφωνα **κ, π, τ**, τα δίψηφα σύμφωνα **μπ, ντ, γκ** και τα διπλά **ξ, ψ**, π.χ. την είδα, την κοπέλα, την ντουλάπα, δεν ξέρω. Άρα, οι λέξεις αυτές **χάνουν το τελικό -ν** όταν η επόμενη λέξη **αρχίζει** από ένα από τα υπόλοιπα σύμφωνα: **β, δ, γ, φ, θ, χ, μ, ν, λ, ρ, σ, ζ**, π.χ. τη δασκάλα, τη θυμήθηκα, δε θέλω. (πηγή, Γραμματική Ε΄ και ΣΤ΄ Δημοτικού, Διόφαντος)

Άσκηση

Να συμπληρώσετε μπροστά από τις λέξεις τα: το (ν), τη (ν), δε (ν), μη (ν):

.... φίλο   ….......ξεκινάς

.... μπαμπά   ……….μπαίνω

.... έρθεις   ……….ντυθείς

.... θέλω   ……….ζάχαρη

.... χειμώνα   ……….ξεχάσεις

.... μάχη   ……….ζητάς

.... πόρτα   ……….μαθητή

Κριτήρια αξιολόγησης στις ενότητες

1ο Κριτήριο αξιολόγησης

Η φιλία στις μέρες μας

Α. Φιλία. Μία τόσο μικρή λέξη, αλλά τόσο δύσκολη. Μία πολυσύνθετη έννοια, που στις μέρες μας περνάει από πολλές δοκιμασίες. Σήμερα γίνεται όλο και πιο δύσκολο να βρει κανείς πραγματικούς φίλους, που θα είναι ειλικρινείς, ευγενικοί και άμεσοι. Ίσως οι ρυθμοί της καθημερινότητας και ο ανθρώπινος εγωισμός να το απαιτούν. Σε έναν κόσμο λοιπόν που σχεδόν βρίσκεται στο σκοτάδι δεν είναι τόσο εύκολη η ανάπτυξη και καλλιέργεια των ανθρωπίνων σχέσεων.

Β. Παρατηρώντας τις παλαιότερες εποχές, μεταφερόμαστε σε μία άλλη πραγματικότητα, όταν οι σχέσεις των ανθρώπων στις μικρές κοινωνίες ήταν απλούστερες. Όταν οι εργασίες τους, η γη και οι κοινωνικές εκδηλώσεις, τους έφερναν πραγματικά κοντά και δεν αποτελούσαν μέσο προβολής. Αντίθετα, σήμερα φαίνεται πως οι άνθρωποι είναι πλήρως κλεισμένοι στον εαυτό τους και έχουν απογοητευτεί από τις διαπροσωπικές σχέσεις. Η ελπίδα όμως δεν πρέπει να χάνεται. Θα πρέπει να πηγάζει από τη θέληση για ζωή και την προσωπική βελτίωση.

Γ. Κάνοντας λοιπόν αυτοκριτική και αφιερώνοντας χρόνο στον εαυτό μας, μπορούμε να είμαστε πολύ πιο σίγουροι όσον αφορά σε αυτά που ψάχνουμε σε μία φιλία. Μάλιστα, στις μέρες μας υπάρχει έντονο το αίσθημα της μοναξιάς. Συνήθως όμως δεν κρίνουμε με αντικειμενικά κριτήρια. Δηλαδή, δε θα πρέπει να επέρχεται απογοήτευση, αν ο δικός μας κύκλος φίλων είναι μικρότερος από άλλους, ακόμη και αν αποτελείται από ένα μόνο άτομο. Είναι δυνατόν η σχέση μας με αυτό το άτομο να είναι τόσο δυνατή και υγιής, που να μην μπορεί με τίποτα να συγκριθεί με τον κύκλο πολλών ατόμων, μέσα στον οποίο πιθανόν να υπάρχει υποκρισία και ψέμα.

Δ. Γι' αυτό, αν έχουμε τα μάτια μας ανοιχτά, και οι κατάλληλοι άνθρωποι θα βρεθούν στον δρόμο μας και θα μας εκτιμήσουν και θα μας αποδεχτούν γι' αυτό που πραγματικά είμαστε. Σίγουρα όλες οι ανθρώπινες σχέσεις απαιτούν δουλειά και αφοσίωση, αλλά αν είμαστε εξαρχής ο εαυτός μας, δε θα έχουμε τίποτα να φοβόμαστε.

(Μαριάνθη Θηβαίου, www.dotnews.gr, 21.08. 2015, διασκευή)

Ερωτήσεις

1. Ποια είναι η διαφορά ανάμεσα στο παρελθόν και το παρόν σε σχέση με τη φιλία όπως επισημαίνεται στο κείμενο;   (Μονάδες 5)

2. Να γράψετε πλαγιότιτλους για καθεμία παράγραφο.   (Μονάδες 4)

3. πολυσύνθετη, αυτοκριτική, επέρχεται, διαπροσωπικές: να αναλύσετε τις λέξεις στα συνθετικά τους και να γράψετε από μία νέα σύνθετη λέξη με το β΄ συνθετικό. (Μονάδες 4)

4. Να μεταφέρετε τα παρακάτω ρήματα στην άλλη φωνή και στον ίδιο χρόνο.

μεταφερόμαστε
έχουν απογοητευτεί
να συγκριθεί
θα βρεθούν
να αποτελείται (Μονάδες 5)

5. Να δώσετε έναν άλλον τίτλο στο κείμενο (Μονάδες 2)

Παραγωγή λόγου

Σε ένα κείμενο 200–250 λέξεων, αφού αναφερθείτε στις αιτίες που δεν υπάρχει φιλία πραγματική στην εποχή μας, να αναλύσετε τα κριτήρια επιλογής μιας σωστής φιλίας. (Μονάδες 30)

2ο Κριτήριο αξιολόγησης

Τεχνητή νοημοσύνη και ιδιωτικότητα

Η Google άλλαξε την πολιτική ιδιωτικότητας που εφαρμόζει, ώστε να δηλώνει ρητά πως οτιδήποτε εμφανίζεται στο δημόσιο Διαδίκτυο, μπορεί να χρησιμοποιηθεί από την εταιρεία για την ανάπτυξη και εκπαίδευση εργαλείων τεχνητής νοημοσύνης. Κάτι που σημαίνει πως οτιδήποτε γράψατε ποτέ στο Internet, θα απορροφηθεί τελικά από την τεχνητή νοημοσύνη.

«Η Google χρησιμοποιεί πληροφορίες για τη βελτίωση των υπηρεσιών μας και για την ανάπτυξη νέων προϊόντων, λειτουργιών και τεχνολογιών που ωφελούν τους χρήστες μας και το κοινό», λέει η νέα πολιτική της εταιρείας. «Για παράδειγμα, χρησιμοποιούμε δημόσια διαθέσιμες πληροφορίες για την εκπαίδευση των μοντέλων τεχνητής νοημοσύνης της Google».

Μέχρι σήμερα γνωρίζαμε πως ό,τι δημοσιεύουμε στον Παγκόσμιο Ιστό, είναι προσβάσιμο από οποιονδήποτε χρήστη. Τώρα, όμως, το θέμα δεν είναι μόνο ποιος διαβάζει αυτό το περιεχόμενο, αλλά και το πώς αυτό χρησιμοποιείται σε βιομηχανική κλίμακα. Καλλιτέχνες και εταιρείες όπως η Getty Images έχουν υποβάλλει αγωγές κατά των εταιρειών τεχνητής νοημοσύνης για τη χρήση της πνευματικής ιδιοκτησίας τους, μια σειρά υποθέσεων που μένει να εξεταστούν από τη δικαιοσύνη.

Η μαζική συλλογή δεδομένων προκαλεί εντωμεταξύ διαμάχη ανάμεσα στους δημιουργούς τεχνητής νοημοσύνης και εταιρείες όπως το Reddit και το Twitter, οι οποίες μπλόκαραν την ελεύθερη πρόσβαση, μέσω των οποίων οποιοσδήποτε μπορούσε να κατεβάσει μεγάλους όγκους δεδομένων. Μάλιστα ο Έλον Μασκ κατηγόρησε τη Microsoft για «παράνομη» πρόσβαση σε μεγάλους όγκους δεδομένων του Twitter. Σύμφωνα με τον Μασκ, αυτός ήταν ο λόγος που το Twitter επέβαλε προσωρινά όριο στον αριθμό των tweets που μπορεί κανείς να διαβάσει.

(άρθρο ελαφρώς διασκευασμένο από την εφημερίδα Τα Νέα, www.tanea.gr, 18.11.2023)

Ερωτήσεις

1. Να συντομεύσετε το κείμενο με δικά σας λόγια σε 50 λέξεις. (Μονάδες 10)

2. ανάπτυξη, εκπαίδευση, προϊόντα, τεχνολογία, πρόσβαση. Να χρησιμο-ποιήσετε τις λέξεις σε προτάσεις. (Μονάδες 5)

3. Ποιος είναι ο κίνδυνος, σύμφωνα με το κείμενο, σε σχέση με την τεχνητή νοημοσύνη και τη χρήση προσωπικών δεδομένων; (Μονάδες 5)

Παραγωγή λόγου

Σε ένα κείμενο 200-250 λέξεων να αναφερθείτε στους τομείς που η τεχνητή νοημοσύνη μπορεί να λειτουργήσει θετικά, αλλά και στους κινδύνους που μπορεί να απειλήσουν τον άνθρωπο. (Μονάδες 30)

3ο Κριτήριο αξιολόγησης

Ό, τι ξεφεύγει *από τον χάρακα*

Να ήταν τα παραπανίσια κιλά της 14χρονης Γεωργίας ή ο ιδιαίτερα ευαίσθητος και φιλήσυχος χαρακτήρας του Βαγγέλη Γιακουμάκη που προκάλεσαν το θάνατό τους; Όποια και αν ήταν τα επί μέρους στοιχεία της εμφάνισης ή της προσωπικότητάς τους, κανείς δεν αμφιβάλλει ότι το «μπούλινγκ» ευθύνεται σε μεγάλο βαθμό για το βίαιο τέλος τους. Η κοπέλα υποβλήθηκε σε χειρουργική επέμβαση για την τοποθέτηση γαστρικού δακτυλίου, επειδή ήταν παχύσαρκη. Οι επιπλοκές της κόστισαν τη ζωή.

Ο φοιτητής της Γαλακτομικής Σχολής Ιωαννίνων ήταν μόλις 20 ετών το 2015, όταν βρέθηκε (ύστερα από αναζήτηση ημερών) νεκρός. Και οι δύο υπέφεραν από τους συμμαθητές τους, για διαφορετικούς λόγους ο καθένας. Η εκδίκαση της δεύτερης υπόθεσης, ακόμη σε εκκρεμότητα, φέρνει στην επιφάνεια στοιχεία όπως ότι «τον πίεζαν να τραγουδήσει μέσα από την ντουλάπα και του πέταγαν κέρματα». Η έφηβη Γεωργία από τη Θεσσαλονίκη, κόρη ιερέα, υπέφερε από τη λεκτική βία των συνομήλικών της, όπως εξομολογήθηκε ο πατέρας της με δάκρυα στα μάτια.

Τα περιστατικά δεν είναι δύο. Είναι πολλά. Μπορεί η κατάληξη να μην είναι ο θάνατος σε όλες τις περιπτώσεις εκφοβισμού, αλλά οι επιθέσεις, ομοφοβικές, ρατσιστικές, εναντίον κάθε ανθρώπου που διαφεύγει εμφανώς από τα στερεότυπα, είναι τόσες, ώστε θα έπρεπε ήδη να έχουμε ανησυχήσει σοβαρά. «Σοβαρά» σημαίνει να έχει ενεργοποιηθεί δραστικότερα η Πολιτεία και ιδιαίτερα το υπουργείο Παιδείας. Ο καλύτερος σύμμαχος στο πάσης φύσεως μπούλινγκ είναι η σιωπή. Το «δε μιλάμε» είναι για να μην εκθέσουμε τους άλλους ή να καθησυχάσουμε τον θυματοποιημένο εαυτό μας, ώστε να μη γίνουν τα πράγματα χειρότερα.

«Έκαναν πλάκα τα παιδιά», λέμε, «παιδιά είναι», προσθέτοντας στο ακατανόητο της πράξης το ανυπόφορο της δικαιολογίας. Η ελαστικότητα και η κατανόηση της «δικής μας» ενοχικής συμμετοχής επινοεί ελαφρυντικά, υποστηρίζοντας τους χάρακες με τους οποίους μετράμε τη ζωή μας. Ό,τι ξεφεύγει από τον χάρακα, είτε σε κιλά είτε σε επιλογές, πληρώνει το «υπέρβαρο» πολύ ακριβά. Κάποιες φορές και με τη ζωή του.

(άρθρο ελαφρώς διασκευασμένο της Μαρίας Κατσουνάκη, εφημερίδα Καθημερινή, 24.06.2021)

Ερωτήσεις

1. Ποιο είναι το θέμα που θίγεται στο παραπάνω άρθρο;   (Μονάδες 3)

2. Πώς καταλαβαίνετε τον όρο «ομοφοβία» και πώς συνδέεται με τη διαφορετικότητα;   (Μονάδες 5)

3. ευαίσθητος, φιλήσυχος, διαφορετικούς, ανυπόφορο, ακατανόητο. Να γράψετε τα τρία γένη των επιθέτων.   (Μονάδες 5)

4. αμφιβάλλει, διαφεύγει, ανησυχήσει, μετράμε, πληρώνει. Να σχηματίσετε τη μετοχή των παραπάνω ρημάτων (-οντας, -ώντας).   (Μονάδες 5)

5. Δώστε έναν δικό σας τίτλο στο άρθρο.   (Μονάδες 2)

Παραγωγή λόγου

Σε ένα κείμενο 200–250 λέξεων να αναφερθείτε στην έννοια του ρατσισμού και στις αιτίες που τον προκαλούν. Στη συνέχεια, να αναλύσετε πώς το φαινόμενο αυτό παρατηρείται στα σχολεία και πού μπορεί να οδηγήσει.

(Μονάδες 30)

4ο Κριτήριο αξιολόγησης

Διατροφή και Υγεία

Ένας από τους πλέον βασικούς παράγοντες για τη διασφάλιση της υγείας των ατόμων είναι ο συνδυασμός συστηματικής άθλησης και ισορροπημένης υγιεινής διατροφής. Η απουσία σωματικής άσκησης και οι κακές διατροφικές συνήθειες, οδηγούν στην αύξηση του σωματικού βάρους, καθώς και στην υπονόμευση της ορθής λειτουργίας του οργανισμού.

Σήμερα, περισσότεροι από τους μισούς Ευρωπαίους ενήλικες είναι υπέρβαροι ή παχύσαρκοι. Εάν συνεχιστεί η κατάσταση αυτή, τα καρδιαγγειακά νοσήματα, ο διαβήτης και ορισμένα είδη καρκίνου θα απειλούν όλο και περισσότερο την ποιότητα ζωής μας, τη βιωσιμότητα των συστημάτων υγείας και τη ζωτικότητα της οικονομίας μας.

Επιπλέον, έχει κάνει την εμφάνισή της μια γενιά παιδιών με υψηλά ποσοστά παχυσαρκίας. Η γενιά αυτή κινδυνεύει με υποβαθμισμένη ποιότητα ζωής σήμερα, αλλά και στο μέλλον. Τα παιδιά αυτά έχουν πολύ μεγάλες πιθανότητες να γίνουν παχύσαρκοι ενήλικες για όλη τους τη ζωή.

Το θετικό στοιχείο είναι ότι όλες αυτές οι νόσοι είναι σε μεγάλο βαθμό προβλέψιμες. Μπορούμε επομένως να αποφύγουμε τις αρνητικές επιπτώσεις τους, καθώς είναι στενά συνδεδεμένες με τον τρόπο ζωής μας, κυρίως τη διατροφή και το βαθμό της σωματικής άσκησης. Αυτό σημαίνει ότι δε χρειάζεται να περιμένουμε μια επιστημονική ανακάλυψη ή μια μαγική συνταγή για να μάθουμε τι πρέπει να κάνουμε. Θα έχουμε ήδη επιτύχει πολλά, αν διασφαλίσουμε ότι τα παιδιά μας θα έχουν πρόσβαση σε ισορροπημένα και υγιεινά γεύματα στα σχολεία και στους παιδικούς σταθμούς, πίνουν πολύ νερό και ασκούνται τακτικά.

Παράλληλα, έχει εξίσου μεγάλη σημασία να τα προστατεύσουμε από την επιθετική διαφήμιση και να περιορίσουμε το χρόνο που περνούν μπροστά σε κάθε είδους οθόνη, αξιοποιώντας ταυτόχρονα στο έπακρο τις δυνατότητες που προσφέρουν για την υγεία οι κινητές εφαρμογές και οι σύγχρονες τεχνολογίες εκπαίδευσης και ενημέρωσης των παιδιών σε θέματα υγιεινού τρόπου ζωής.

(πηγή, www.axia.edu.gr)

Ερωτήσεις

1. Ποιοι είναι οι κίνδυνοι σύμφωνα με το κείμενο από την απουσία άθλησης και την κακή διατροφή;   (Μονάδες 5)

2. Να εξηγήσετε το νόημα της τελευταίας παραγράφου και να αναφερθείτε στο πώς συνδέεται η παχυσαρκία με την πολύωρη ενασχόληση με το κινητό ή τον υπολογιστή.   (Μονάδες 7)

3. Να μεταφέρετε τα παρακάτω ονοματικά σύνολα στην ίδια πτώση του άλλου αριθμού.

βασικούς παράγοντες

σωματικής άσκησης

παχύσαρκοι ενήλικες

αρνητικές επιπτώσεις

σύγχρονες τεχνολογίες

επιθετική διαφήμιση

υγιεινού τρόπου

(Μονάδες 7)

4. Να βρείτε δύο ρήματα στο κείμενο σε μελλοντικό χρόνο. (Μονάδα 1)

Παραγωγή λόγου

Σε ένα κείμενο 200–250 λέξεων για τη σχολική εφημερίδα, να αναλύσετε τις αιτίες της κακής διατροφής των παιδιών και να προτείνετε τρόπους βελτίωσής της όχι μόνο στο σχολείο, αλλά και στην καθημερινότητα.   (Μονάδες 30)

5ο Κριτήριο αξιολόγησης

Παιδιά: Τα αθώα θύματα ενός πολέμου

Κατά τη διάρκεια των τελευταίων δέκα ετών εκτιμάται ότι περίπου δέκα εκατομμύρια παιδιά έχουν σκοτωθεί σε πολεμικές συρράξεις. Σύμφωνα με νέα έκθεση που δημοσίευσε η φιλανθρωπική Μη Κυβερνητική Οργάνωση «Save the Children» (Σώστε τα Παιδιά), τετρακόσια είκοσι εκατομμύρια παιδιά, σχεδόν ένα στα πέντε, ζούσαν σε περιοχές ενόπλων συγκρούσεων το 2017, ο μεγαλύτερος αριθμός των τελευταίων είκοσι χρόνων.

Τα παιδιά που επλήγησαν περισσότερο το 2017 από τις συγκρούσεις ήταν στο Αφγανιστάν, Υεμένη, Νότιο Σουδάν, Κεντροαφρικανική Δημοκρατία, Λαϊκή Δημοκρατία του Κονγκό, τη Συρία, το Ιράκ, το Μαλί, την Νιγηρία και τη Σομαλία. Επίσης, πεντακόσιες χιλιάδες μωρά πέθαναν λόγω των πολέμων από το 2013 ως το 2017, που σημαίνει ότι σχεδόν εκατό χιλιάδες βρέφη πεθαίνουν εξαιτίας των ένοπλων συρράξεων σε ετήσια βάση και κυρίως λόγω των συνεπειών τους, όπως την ασιτία, των επιδημιών, της έλλειψης υγειονομικής περίθαλψης και της απώλειας ανθρωπιστικής βοήθειας.

Τα παιδιά του πολέμου, επειδή είναι από τη φύση τους ευάλωτα και εύπλαστα, αποτελούν εύκολα θύματα. Είναι συχνά μόνα, αβοήθητα και ανυπεράσπιστα, με αποτέλεσμα να είναι εύκολοι στόχοι από τις ένοπλες δυνάμεις. Αν δεν πεθάνουν από την βία του πολέμου, τον υποσιτισμό και τις μολυσματικές ασθένειες, θα ακρωτηριαστούν, θα απαχθούν, θα εκτοπισθούν, θα βασανιστούν, αλλά και θα κακοποιηθούν σεξουαλικώς με σχεδόν πλήρη ασυδοσία. Τα περισσότερα από αυτά, αναγκάζονται να δουλέψουν παράνομα, μπαίνοντας στα σκλαβοπάζαρα της παιδικής εργασίας. Επίσης, πολύ συχνά πέφτουν θύματα εκμετάλλευσης για στρατιωτικούς σκοπούς, άλλοτε με τη βία και άλλοτε εθελοντικά. Μερικές φορές η παιδική εργασία και η στρατολόγηση αποτελούν διεξόδους για τα παιδιά από τα προβλήματα του πολέμου. Άλλα παιδιά θα ορφανέψουν και άλλα παιδιά θα διαχωριστούν από τις οικογένειες, εξαιτίας του πανικού και του χάους του πολέμου.

Πολλά από αυτά θα εγκαταλείψουν την πατρίδα τους, μεταναστεύοντας σε άλλες περιοχές, αναζητώντας καλύτερες ευκαιρίες ζωής, ασφαλέστερες και καλύτερες προοπτικές διαβίωσης. Επίσης, οι ένοπλες συγκρούσεις καταλήγουν συχνά στην καταστροφή υποδομών και βασικών υπηρεσιών (νοσοκομεία, σχολεία), εμποδίζοντας στα παιδιά να έχουν πρόσβαση στην εκπαίδευση και τη φροντίδα, με αποτέλεσμα να βρίσκονται χωρίς προστασία. Πέρα από το θάνατο, τον τραυματισμό, την αναπηρία, τον εκτοπισμό, τους βιασμούς, τα βασανιστήρια, την εκμετάλλευση που υπόκεινται τα παιδιά του πολέμου, η συναισθηματική βλάβη που προκαλεί ο πόλεμος είναι εξίσου σοβαρή, καθώς συχνά εμφανίζουν διαταραχή μετατραυματικού στρες, διαταραχές άγχους και συμπεριφοράς αλλά και υψηλά ποσοστά κατάθλιψης.

Οι πληγές που αφήνει ο πόλεμος στα παιδιά είναι βαθιές και δύσκολα μπορούν να επουλωθούν, αφαιρώντας τους το δικαίωμα να ζήσουν μία υγιή σχολική και κοινωνική ζωή. Ωστόσο, με την εξειδικευμένη στήριξη και με την εφαρμογή προγραμμάτων αποκατάστασης, ίσως καταφέρουν να ανακάμψουν από τις εμπειρίες του πολέμου και να οικοδομήσουν ένα καλύτερο μέλλον τόσο για τον εαυτό τους, όσο και για τη μελλοντική ευημερία των κοινωνιών τους. Τα παιδιά που πολέμου, μπορεί να έχουν χάσει την παιδική τους ηλικία δεν πρέπει όμως να χάσουν και το μέλλον τους.

(Πηγή, filologikos-istotopos.gr. Ανδρονίκη Γιαννενάκη, www.biskotto.gr, ελαφρά διασκευασμένο)

Ερωτήσεις

1. Να γράψετε με δικά σας λόγια το νόημα του κειμένου σε 60 λέξεις.

(Μονάδες 10)

2. Σε κάθε μία από τις διατυπώσεις που ακολουθούν να δώσετε το χαρακτηρισμό «Σωστό» ή «Λάθος», ανάλογα με το αν αποδίδουν το νόημα του κειμένου σωστά ή όχι.

α. Η παιδική εργασία αποτελεί διέξοδο από τον πόλεμο για τα παιδιά.

β. Ο πόλεμος προκαλεί κυρίως συναισθηματικές βλάβες στα παιδιά.

γ. Ο πόλεμος αφήνει ψυχολογικά τραύματα στα παιδιά.

δ. Τα παιδιά που πολέμου δεν ελπίζουν σε ένα καλύτερο μέλλον.

(Μονάδες 4)

3. Να γράψετε τα δομικά μέρη της τρίτης παραγράφου (θεματική πρόταση, σχόλια, πρόταση κατακλείδα).   (Μονάδες 3)

4. θύματα, μέλλον, εμπειρίες. Να γράψετε από μία πρόταση για κάθε λέξη.

                                                                (Μονάδες 3)

Παραγωγή λόγου

Γράφετε ένα κείμενο που θα δημοσιευθεί στην ιστοσελίδα του σχολείου σας περίπου 200-250 λέξεων, με θέμα «Παιδιά και πόλεμος». Αναφέρεστε στις αιτίες που προκαλούν τους πολέμους, αλλά και στις επιπτώσεις που έχει ο πόλεμος κυρίως στα παιδιά. Στο τέλος κλείνετε το κείμενό σας με μία αισιόδοξη πρόταση για το μέλλον αυτών των παιδιών.

                                                                (Μονάδες 30)

Βιβλιογραφία

- Νεοελληνική Γλώσσα Β΄ Γυμνασίου. Οργανισμός Εκδόσεων Διδακτικών Βιβλίων. Αθήνα: Διόφαντος

- Νεοελληνική Γλώσσα Γ΄ Γυμνασίου. Οργανισμός Εκδόσεων Διδακτικών Βιβλίων. Αθήνα: Διόφαντος

- Ανθολόγιο Λογοτεχνικών Κειμένων Ε΄ και ΣΤ΄ Δημοτικού. Οργανισμός Εκδόσεων Διδακτικών Βιβλίων. Αθήνα: Διόφαντος

- Κείμενα Νεοελληνικής Λογοτεχνίας Α΄ Γυμνασίου. Οργανισμός Εκδόσεων Διδακτικών Βιβλίων. Αθήνα: Διόφαντος

- Κείμενα Νεοελληνικής Λογοτεχνίας Β΄ Γυμνασίου. Οργανισμός Εκδόσεων Διδακτικών Βιβλίων. Αθήνα: Διόφαντος

- Αρβανιτάκης Κ. – Αρβανιτάκη Φ. 2004. *Επικοινωνήστε Ελληνικά 2*. Αθήνα: Εκδόσεις Δέλτος

- Αρβανιτάκης Κ. – Αρβανιτάκη Φ. 2008. *Επικοινωνήστε Ελληνικά 3*. Αθήνα: Εκδόσεις Δέλτος

- Καθώς μεγαλώνουμε. Επίπεδο τρίτο. Μέρος δεύτερο. Ε.ΔΙΑ.Μ.ΜΕ: Ρέθυμνο 2003

- Νεοελληνική Γλώσσα για το Γυμνάσιο 2004. Γλωσσικές Ασκήσεις. Οργανισμός Εκδόσεων Διδακτικών Βιβλίων, Αθήνα: Διόφαντος

- Κλειδιά της Νεοελληνικής Γραμματικής. Ε.ΔΙΑ.Μ.ΜΕ: Ρέθυμνο

- Γραμματική Νέας Ελληνικής Γλώσσας Γυμνασίου. Οργανισμός Εκδόσεων Διδακτικών Βιβλίων. Αθήνα: Διόφαντος

- Συντακτικό της Νέας Ελληνικής Γλώσσας για το Γυμνάσιο. Οργανισμός Εκδόσεων Διδακτικών Βιβλίων. Αθήνα: Διόφαντος

- Τάνης, Ν., Τα ελληνικά ως δεύτερη γλώσσα. Ινστιτούτο Νεοελληνικών Σπουδών. Ίδρυμα Μ. Τριανταφυλλίδη. Θεσσαλονίκη 2001.

Ηλεκτρονικές διευθύνσεις

http://www.greeklanguage.gr/greekLang/modern_greek/foreign/education/word2text/index.html.

http://www.greeklanguage.gr/pubs

http://isocrates.minedu.gov.gr/content_by_cat.asp?catid=48

http://www.ilsp.gr/productsgr1.html

www.users.sch.gr

www.pixabay.com